Ley Médica

Responsabilidad Profesional Y Regulación En La Medicina Global

JÚLIO CÉSAR PEDROSA

INTRODUCCIÓN

Presentación del libro

La práctica médica, en esencia, es un campo intrínsecamente ligado a la confianza, la ética y la responsabilidad. En un escenario global donde las interacciones trascienden las fronteras y los avances tecnológicos aceleran el cambio, la responsabilidad y la regulación en la práctica médica emergen como temas de vital importancia. Este libro tiene como objetivo explorar las complejidades asociadas con la responsabilidad de los profesionales de la salud, abarcando todo, desde conceptos fundamentales hasta implicaciones prácticas en diferentes contextos legales y culturales de todo el mundo.

La globalización ha traído consigo la necesidad de armonizar y adaptar los estándares que rigen la práctica médica, a medida que las fronteras se vuelven cada vez más permeables y los intercambios de conocimientos y prácticas entre países se intensifican. El aumento de las interacciones internacionales, ya sea a través de organizaciones supranacionales o mediante la migración de profesionales de la salud y pacientes, exacerba la necesidad de una comprensión clara y cohesiva de las obligaciones legales y éticas que impregnan la medicina.

Este libro tiene como objetivo proporcionar una visión integral y crítica de la responsabilidad y la regulación en la práctica médica en un contexto global. A lo largo de los capítulos se exploran los diferentes aspectos que configuran este complejo campo, ofreciendo un análisis comparativo entre diferentes jurisdicciones y destacando los desafíos y oportunidades que se presentan en este escenario en constante evolución.

Objetivos y estructura

Los principales objetivos de este libro son:

1. **Proporcionar una base conceptual sólida sobre responsabilidad y regulación en la práctica médica.**: El libro comienza con una introducción detallada a los conceptos de responsabilidad civil, penal y ética, fundamentales para comprender las obligaciones de los profesionales de la salud en diferentes contextos.

2. **Comparar sistemas legales y prácticas regulatorias**: Se realizará un análisis comparativo entre los sistemas legales de diferentes países para revelar los matices y diferencias que influyen en la práctica médica a nivel global.
3. **Analizar casos prácticos y jurisprudencia.**: Se exploran estudios de casos icónicos para ilustrar cómo se aplican las leyes y regulaciones en la práctica, con un enfoque en las lecciones aprendidas y las implicaciones futuras.
4. **Explore los desafíos contemporáneos en la regulación médica**: Se discutirá en profundidad el impacto de las nuevas tecnologías como la telemedicina y la inteligencia artificial, destacando los desafíos regulatorios emergentes.
5. **Discutir el papel de las agencias reguladoras y las políticas de salud.**: El libro examina el papel de las principales agencias reguladoras internacionales y cómo sus decisiones dan forma a la práctica médica en un contexto global.

La estructura del libro fue diseñada para proporcionar una progresión lógica de temas. Comienza con los fundamentos de la responsabilidad de los profesionales de la salud, seguido de un análisis de las diferentes formas de responsabilidad: civil y penal. A continuación, se presentan estudios de casos de jurisprudencia internacional que ilustran la aplicación práctica de los conceptos discutidos. Los siguientes capítulos exploran los mecanismos de prevención de litigios, el impacto de las tecnologías emergentes y las diferentes leyes y regulaciones que rigen la práctica médica en todo el mundo. Finalmente, el libro aborda el papel de las agencias reguladoras y la aplicación de la legislación sanitaria en un contexto global, culminando en una discusión sobre las respuestas legales a las emergencias de salud pública.

Importancia de estudiar la responsabilidad y la regulación en la práctica médica global

En el escenario actual, entender la responsabilidad médica en un contexto internacional se ha vuelto esencial. La globalización no sólo ha facilitado la difusión de conocimientos y prácticas médicas, sino que también ha expuesto las disparidades existentes entre los sistemas de salud y sus respectivos enfoques regulatorios. Los profesionales y administradores de la salud enfrentan el desafío de operar dentro de marcos legales y éticos que pueden variar drásticamente de una jurisdicción a otra, lo que requiere una comprensión profunda de las responsabilidades y obligaciones que se les imponen.

Las regulaciones en la práctica médica no sólo tienen como objetivo proteger a los pacientes y garantizar la calidad de los servicios prestados, sino que también desempeñan un papel crucial en el mantenimiento de la confianza del público en el sistema de salud. Es esencial contar con regulaciones bien redactadas y aplicadas consistentemente para garantizar que se mantengan los estándares de atención independientemente de la ubicación geográfica. Sin embargo, cumplir con estas regulaciones requiere un cuidadoso equilibrio entre la protección de los derechos individuales y la necesidad de promover la salud pública a una escala más amplia.

Además, la constante evolución de las prácticas médicas, impulsada por innovaciones tecnológicas y avances científicos, plantea nuevos desafíos para los reguladores. La telemedicina, la inteligencia artificial y otras innovaciones están redefiniendo el alcance de la práctica médica, creando la necesidad de actualizar y adaptar los estándares existentes. Estos cambios no sólo afectan la forma en que se brinda la atención, sino que también tienen implicaciones importantes para la responsabilidad de los profesionales de la salud.

En este contexto, el análisis crítico de la normativa existente, así como la identificación de áreas que requieren reformas o ajustes, es de vital importancia. La responsabilidad médica, cuando se entiende y aplica adecuadamente, sirve como mecanismo de protección tanto para los pacientes como para los profesionales, promoviendo un entorno de atención seguro y ético. Por lo tanto, este libro busca contribuir a una comprensión más profunda de estos temas ofreciendo una visión integral de las prácticas regulatorias y de responsabilidad médica en un mundo globalizado.

CAPÍTULO 1: BASE DE RESPONSABILIDAD DE LOS PROFESIONALES DE LA SALUD

Definición y tipos de responsabilidad

La responsabilidad de los profesionales de la salud es un concepto complejo y multifacético que se despliega en varias dimensiones, cada una con distintas implicaciones para la práctica médica y el comportamiento de los profesionales involucrados. La responsabilidad civil, por ejemplo, está profundamente arraigada en la obligación del profesional sanitario de reparar los daños causados a un paciente como consecuencia de errores u omisiones en la prestación de la atención médica. Esta dimensión de la responsabilidad generalmente se manifiesta cuando hay un incumplimiento del deber de cuidado, que resulta en daño al paciente. Para que exista responsabilidad civil es imprescindible que se establezcan tres elementos: el daño, la relación de causalidad entre la conducta del profesional y el daño sufrido, y la culpa o dolo por parte del profesional. La reparación, en este contexto, es predominantemente de carácter pecuniario, encaminada a compensar al paciente por las pérdidas sufridas, ya sean físicas, emocionales o económicas.

Por otro lado, la responsabilidad penal implica una respuesta más severa por parte del ordenamiento jurídico, aplicable cuando el profesional de la salud comete una infracción que se tipifica como delito. En este caso, las consecuencias pueden incluir sanciones penales como prisión o multas, dependiendo de la gravedad de la conducta y las leyes violadas. La responsabilidad penal es, por tanto, más restrictiva que la civil, requiriendo pruebas más sólidas, ya sea de dolo (dolo) o de negligencia grave (culpabilidad) por parte del profesional. El objetivo principal de la responsabilidad penal es reparar conductas ilegales y disuadir a otros profesionales de cometer infracciones similares, protegiendo así a la sociedad.

La responsabilidad ética está relacionada con las normas y lineamientos establecidos por los consejos profesionales y asociaciones de salud, que definen los estándares de conducta que se esperan de los profesionales en el campo. A diferencia de las responsabilidades civiles y penales, la responsabilidad ética no sólo se centra en la reparación o el castigo, sino también en mantener la integridad y la confianza en el sistema de salud. Las violaciones éticas pueden dar lugar a sanciones administrativas, que van desde advertencias y suspensiones hasta la pérdida del derecho a ejercer la profesión. Este tipo de responsabilidad es crucial para asegurar que los profesionales actúen dentro de los estándares éticos establecidos, garantizando la calidad y seguridad de los servicios de salud ofrecidos a la población.

La distinción entre estos tipos de responsabilidad es fundamental para una comprensión completa de las diferentes respuestas que el ordenamiento jurídico y los entes reguladores pueden adoptar ante conductas inapropiadas por parte de los profesionales de la salud. Mientras que la responsabilidad civil se ocupa de reparar los daños causados a los pacientes, la responsabilidad penal se centra en castigar y prevenir conductas ilícitas. La responsabilidad ética busca preservar los estándares de práctica y la confianza pública, asegurando que la profesión médica mantenga su integridad y continúe sirviendo a la sociedad de manera justa y competente. Juntas, estas dimensiones de responsabilidad forman la base sobre

la que descansa la confianza de la
sociedad en la medicina y en quienes la
practican.

Importancia de la responsabilidad en la práctica médica

La responsabilidad en la práctica
médica es una base esencial para
preservar la confianza pública y la
ética que sustenta la medicina. La
relación entre médico y paciente,
fundamental para el éxito del
tratamiento y el bienestar general del
paciente, depende en gran medida de la
certeza de que el profesional sanitario
actuará con competencia, cuidado y
dentro de los límites éticos y legales
establecidos. . Cuando esta confianza
se ve afectada, la relación
médico-paciente, central en cualquier
proceso terapéutico, corre el riesgo de
deteriorarse, comprometiendo no sólo el
tratamiento, sino también el estado
emocional y psicológico del paciente.

La rendición de cuentas médica
desempeña un papel crucial a la hora de
garantizar que los profesionales de la
salud rindan cuentas de sus acciones,
contribuyendo así a la transparencia y
la equidad en la atención sanitaria.
Este sentido de responsabilidad no sólo
protege a los pacientes de prácticas

inapropiadas, sino que también
fortalece el sistema sanitario en su
conjunto. Al exigir que los
profesionales respondan por su
conducta, la responsabilidad promueve
la mejora continua de los estándares de
atención, fomentando prácticas que
aumentan la calidad de los servicios de
salud prestados.

En la práctica diaria la
responsabilidad influye directamente en
la calidad de los servicios ofrecidos.
Los profesionales conscientes de las
implicaciones de sus acciones tienden a
adoptar una postura más cuidadosa y
diligente, lo que naturalmente conduce
a una reducción de la incidencia de
errores médicos y a una mejora
significativa de los resultados
clínicos. Además, la rendición de
cuentas actúa como catalizador para
implementar mejores prácticas, como
obtener el consentimiento informado,
mantener documentación precisa y
adherirse estrictamente a las pautas
clínicas establecidas. Estos elementos
son fundamentales para garantizar la
seguridad del paciente y garantizar que
la atención brindada sea efectiva y
ética.

Más que eso, la responsabilidad médica
fortalece la relación de confianza

entre el médico y el paciente. Cuando los pacientes perciben que sus cuidadores están comprometidos con altos estándares éticos y legales, su confianza en la atención que reciben aumenta sustancialmente. Esta confianza no sólo es un componente crítico para el éxito del tratamiento, sino que también es vital para el bienestar psicológico y emocional del paciente. La seguridad de estar en buenas manos, de que el médico actúa teniendo en cuenta los mejores intereses del paciente, promueve un ambiente terapéutico positivo donde el paciente se siente seguro y apoyado en su proceso de curación. Por lo tanto, la responsabilidad médica, al promover la integridad y la confianza en la práctica clínica, respalda la esencia misma de la atención médica, que es el compromiso con el bienestar y la dignidad de cada individuo atendido.

Diferencias en los sistemas legales

Los sistemas legales de todo el mundo presentan diversos enfoques sobre la responsabilidad de los profesionales de la salud, reflejando las diferencias culturales, históricas y legales que influyen en la práctica médica en cada jurisdicción. Estas variaciones son evidentes cuando se observa cómo los diferentes países tratan la responsabilidad por errores médicos y otras fallas en la atención médica.

En Estados Unidos, el sistema de daños está muy desarrollado, con un énfasis significativo en la compensación financiera para los pacientes que han sufrido daños. El sistema norteamericano se caracteriza por una cultura de "litigios por responsabilidad médica", donde el elevado número de demandas y la expectativa de compensaciones sustanciales para los pacientes a menudo conducen a acuerdos extrajudiciales. Este enfoque refleja una cultura jurídica que valora la reparación financiera como una forma central de justicia para las víctimas de errores médicos. Sin embargo, este énfasis en la compensación también puede crear un entorno de práctica defensiva, donde los profesionales de la salud toman medidas demasiado cautelosas para evitar litigios, lo que puede influir negativamente en el costo y la accesibilidad de la atención médica.

Por el contrario, países europeos como Francia y Alemania adoptan un enfoque más equilibrado. En estos sistemas legales, no sólo se hace hincapié en proteger a los pacientes, sino también en preservar la práctica profesional de los médicos. En muchos casos, estos países implementan sistemas de seguro obligatorios, que sirven para proteger a los profesionales de la salud contra grandes responsabilidades financieras, al tiempo que garantizan que los pacientes reciban una compensación justa en caso de daño. Este equilibrio busca evitar prácticas defensivas excesivas, promoviendo un ambiente donde los médicos puedan ejercer su profesión con más confianza, sabiendo que están protegidos por un sistema legal que valora tanto la justicia para los pacientes como la viabilidad de la práctica médica.

En los países en desarrollo, la situación puede ser bastante diferente. En estos contextos, la responsabilidad médica tiende a ser menos estricta, a menudo debido a sistemas legales menos desarrollados y a la falta de una infraestructura sólida para procesar y juzgar casos de negligencia médica. Esto significa que, en muchos casos, los pacientes enfrentan importantes desafíos para acceder a la justicia, y la rendición de cuentas de los profesionales de la salud puede ocurrir de manera inconsistente. La falta de un sistema legal eficaz para abordar las cuestiones de responsabilidad médica puede dejar vulnerables tanto a los pacientes como a los profesionales, sin las protecciones y garantías que existen en los sistemas más desarrollados.

Estas diferencias en los sistemas legales tienen implicaciones directas para los profesionales de la salud que operan en un contexto global. Los médicos que se desplazan entre diferentes jurisdicciones o que tratan a pacientes de diferentes nacionalidades deben ser conscientes de las variaciones en las expectativas y de las responsabilidades legales y éticas que se les imponen. Comprender estas diferencias es crucial no sólo para garantizar el cumplimiento legal, sino también para proteger tanto a los pacientes como a los profesionales de la salud en un mundo cada vez más globalizado. Por lo tanto, la práctica médica eficaz en un entorno internacional requiere una conciencia constante de los matices legales de cada contexto, garantizando que los profesionales puedan brindar atención de alta calidad mientras navegan por las complejidades de las leyes de responsabilidad médica.

CAPÍTULO 2: RESPONSABILIDAD CIVIL POR ERRORES MÉDICOS

Concepto y definición de error médico

El error médico, en el contexto de la responsabilidad civil, se entiende como una acción u omisión cometida por un profesional de la salud que resulta en daño al paciente, y que podría haberse evitado si el profesional hubiera seguido estándares de atención aceptables. Esta definición es central para comprender la responsabilidad civil en medicina, ya que establece las bases sobre las cuales se evalúa la conducta del profesional y se determina la obligación de reparar. El principal objetivo de la responsabilidad civil es compensar al paciente por los daños sufridos, y el error médico es un elemento crucial en este proceso, ya que define el punto de partida del análisis jurídico.

Los errores médicos pueden ocurrir en diferentes etapas de la atención al paciente, desde el diagnóstico, el tratamiento, la administración de medicamentos, la cirugía y los consejos brindados al paciente. Estos errores no necesitan ser intencionales para constituir responsabilidad civil.

Incluso la negligencia o la falta de atención adecuada por parte del profesional pueden ser suficientes para caracterizar un error médico. El elemento esencial aquí es que el error debe ser demostrable y debe haber causado daño al paciente. No basta con que haya ocurrido el error; Es necesario demostrar que, si no se hubiera producido el error, se habría podido evitar el daño al paciente.

En el ámbito civil, la responsabilidad por error médico puede ser objetiva o subjetiva, dependiendo de las especificidades del ordenamiento jurídico de cada país. En la responsabilidad subjetiva es necesario demostrar la culpa o negligencia del profesional, lo que implica acreditar que el profesional actuó de manera imprudente, negligente o con mala praxis al atender al paciente. En cambio, en responsabilidad objetiva, basta con probar el daño y la relación de causalidad entre el error y el resultado para que exista obligación de reparar, independientemente de que se pruebe la culpabilidad del profesional.

Esta distinción entre responsabilidad objetiva y subjetiva es de gran importancia, ya que influye directamente en el enfoque jurídico

adoptado para compensar los daños
sufridos por los pacientes. En los
sistemas que adoptan la responsabilidad
objetiva, el énfasis está en proteger
al paciente y facilitar su
compensación, mientras que en los
sistemas que adoptan la responsabilidad
subjetiva, existe una mayor
preocupación por proteger a los
profesionales de la salud contra
acusaciones infundadas, que requieren
más pruebas. que el profesional actuó
con culpa.

En resumen, el error médico es una
piedra angular en la estructura de la
responsabilidad extracontractual en la
práctica médica. Sirve como criterio
mediante el cual se evalúa la conducta
de los profesionales de la salud y, en
última instancia, determina si habrá
obligación de reparar el daño causado
al paciente. La forma en que los
diferentes sistemas legales abordan
esta responsabilidad -ya sea a través
de un enfoque subjetivo u objetivo-
refleja las prioridades de cada
sociedad en términos de protección del
paciente versus protección de los
profesionales de la salud, configurando
así el panorama de la medicina en cada
jurisdicción.

Elementos de Responsabilidad Civil

La responsabilidad civil por negligencia médica suele estructurarse en torno a tres elementos esenciales: daño, causalidad y culpa. Comprender cada uno de estos elementos es fundamental para analizar los casos de error médico y determinar la responsabilidad del profesional sanitario.

Daño

Se entiende por daño, en el contexto de la responsabilidad civil en la práctica médica, el daño concreto sufrido por el paciente como consecuencia de un error médico. Este daño puede manifestarse de diversas formas, ya sea física, psicológica o financiera, y debe ser suficientemente cuantificable para que pueda establecerse una base legítima para una indemnización. La existencia de daño es esencial para que una reclamación por daños tenga fundamento; Sin el daño, no hay forma de sostener una acción civil, ya que es lo que activa el derecho del paciente a una indemnización.

El concepto de daño es, por tanto, el punto de partida de cualquier análisis de responsabilidad civil. El daño físico puede manifestarse directamente, como en casos de empeoramiento del estado de salud del paciente, aparición de nuevas condiciones adversas de salud, complicaciones inesperadas resultantes de un tratamiento inadecuado o incluso situaciones más graves, como la incapacitación permanente o la muerte. En tales casos, el impacto en la vida del paciente es evidente y mensurable, lo que facilita la cuantificación a efectos de compensación.

Además del daño físico, el daño psicológico también es una forma relevante de daño que puede resultar de un error médico. Esto incluye el trauma emocional, el desarrollo de trastornos mentales como la ansiedad o la depresión, o el sufrimiento provocado por la pérdida de calidad de vida tras un tratamiento inadecuado. Aunque el daño psicológico puede ser más difícil de cuantificar que el daño físico, es igualmente significativo y debe tenerse en cuenta al evaluar la responsabilidad extracontractual.

Finalmente, el daño financiero cubre los costos adicionales que el paciente pudo haber enfrentado debido al error médico, como gastos médicos adicionales, pérdida de ingresos debido a la incapacidad para trabajar o los costos de atención continua o rehabilitación. Cuantificar el daño financiero es crucial para determinar el monto de la compensación que se ofrecerá y generalmente implica una evaluación detallada de los impactos económicos sufridos por el paciente.

En todos estos casos, la presencia de daños que puedan identificarse y cuantificarse claramente es esencial para sustentar una reclamación de responsabilidad civil. La reparación tiene como objetivo restablecer, en la medida de lo posible, la situación del paciente al estado anterior al daño, o al menos compensarlo equitativamente por las pérdidas sufridas. Sin prueba del daño no hay justificación de la responsabilidad, lo que subraya la importancia de este concepto en la estructura de las reclamaciones de responsabilidad civil en la práctica médica.

Vínculo causal

El vínculo de causalidad es un elemento central en la responsabilidad civil, representando el vínculo directo entre el error cometido por el profesional sanitario y el daño sufrido por el paciente. Para que se pueda atribuir responsabilidad civil es imprescindible demostrar que el daño no se habría producido si no fuera por el error médico, es decir, que el error fue la causa determinante del daño. Esta relación de causa y efecto es la que sustenta la responsabilidad del profesional y, por tanto, constituye uno de los aspectos más complejos y desafiantes de probar en un proceso de responsabilidad civil.

La dificultad para establecer el nexo causal radica en la necesidad de probar que el error médico fue la causa directa e inmediata del daño, excluyendo la posibilidad de que otros factores, independientes del error, hayan contribuido al resultado adverso. Esto es especialmente desafiante en situaciones en las que el paciente ya tenía problemas de salud preexistentes o cuando múltiples factores pueden haber influido en el resultado clínico. En estos casos, la tarea de demostrar la relación causal requiere un análisis exhaustivo de las circunstancias del caso, que a menudo implica opiniones técnicas y peritajes médicos que pueden aclarar si el error fue realmente decisivo para el daño.

La ausencia de un vínculo causal claro puede eximir de responsabilidad al profesional sanitario, incluso cuando se pruebe que se ha identificado un error médico. Si no se puede demostrar que el error fue la causa directa del daño sufrido por el paciente, se disuelve la base de la responsabilidad civil. Por ejemplo, si un paciente ya se encontraba en estado crítico y el error del profesional, aunque presente, no fue determinante para el empeoramiento o desenlace fatal, el nexo causal puede considerarse inexistente, quedando el profesional exento de cualquier obligación de reparar. .

La prueba del nexo causal es, por tanto, un elemento crucial y, al mismo tiempo, uno de los más exigentes en la estructura de la responsabilidad civil. Requiere no sólo una comprensión clara de los hechos ocurridos, sino también la capacidad de aislarlos de otras posibles causas, algo que a menudo depende de pruebas complejas e interpretaciones técnicas. En última instancia, la dificultad para establecer la causalidad subraya la importancia de un análisis riguroso y detallado en cualquier caso de agravio en la práctica médica, donde cada elemento del caso debe considerarse cuidadosamente para determinar la imparcialidad de la reclamación.

Culpa

La culpa, en el contexto de la responsabilidad civil en la práctica médica, se refiere a la evaluación de la conducta del profesional de la salud en comparación con los estándares de atención universalmente aceptados y establecidos por la medicina. Para que se atribuya responsabilidad civil es imprescindible demostrar que el profesional actuó de forma desviada de estas normas, cometiendo negligencia, imprudencia o mala praxis, y que esa conducta inadecuada fue la causa directa del daño sufrido por el paciente.

El análisis de fallas implica considerar cómo habría actuado un profesional de la salud razonablemente competente en circunstancias similares. Esto significa que se compara la conducta del profesional en cuestión con la conducta esperada de sus pares, teniendo en cuenta las particularidades de la situación clínica. Si se demuestra que el profesional no actuó de acuerdo con el nivel de competencia y cuidado que se esperaría en su área de especialización, podrá ser declarado culpable.

La culpa puede manifestarse de diferentes maneras. La negligencia, por ejemplo, ocurre cuando el profesional no toma precauciones o no realiza acciones que razonablemente se esperaría que evitaran daños al paciente. Esto puede incluir de todo, desde omitir un diagnóstico necesario hasta no realizar un seguimiento adecuado después de un procedimiento. La imprudencia, por otro lado, implica una acción apresurada o arriesgada que ignora las normas de seguridad, como realizar un procedimiento sin la preparación adecuada o sin considerar riesgos conocidos. La mala praxis se refiere a la falta de habilidad técnica o conocimientos necesarios para llevar a cabo una determinada acción, lo que puede dar lugar a errores que serían evitados por un profesional adecuadamente cualificado.

La culpa se puede clasificar en grados que van desde negligencia leve, donde el error puede considerarse menor y menos grave, hasta imprudencia grave, que representa una violación flagrante de las normas de atención. La evaluación del grado de culpabilidad se realiza en función de las circunstancias específicas del caso y la naturaleza de la desviación de los estándares esperados. Por ejemplo, un error que resulte de un simple error, como olvidarse de realizar un examen de rutina, puede considerarse una negligencia menor. En cambio, una decisión imprudente que expone al paciente a riesgos elevados, sin justificación clínica, puede calificarse de imprudencia grave.

La determinación de la culpa es un componente esencial en el proceso de responsabilidad civil, ya que establece el vínculo entre la conducta inadecuada del profesional y el daño sufrido por el paciente. Sin esta demostración no podrá atribuirse responsabilidad civil, aunque el paciente haya sufrido un daño. Así, la culpa no sólo define el nivel de responsabilidad del profesional, sino que también influye directamente en el alcance de las reparaciones que pueden ser necesarias, lo que refleja el compromiso de la práctica médica con altos estándares de atención y protección de los pacientes.

Estos tres elementos forman la base para adjudicar responsabilidad civil en casos de negligencia médica. La interacción entre daño, nexo causal y culpa es la que determina si el profesional sanitario será considerado legalmente responsable y, en consecuencia, obligado a indemnizar al paciente por los daños sufridos.

Casos Prácticos de Responsabilidad Civil

Para ilustrar la aplicación de los conceptos tratados, es imprescindible el análisis de casos prácticos. Los estudios de caso demuestran cómo los tribunales de diferentes jurisdicciones abordan las cuestiones de responsabilidad por negligencia médica, proporcionando una visión general de las variaciones legales y culturales que influyen en las decisiones judiciales.

Caso 1: El caso del diagnóstico erróneo en Estados Unidos

Uno de los casos más emblemáticos de responsabilidad civil por negligencia médica en Estados Unidos es el caso *Matsuyama contra Birnbaum*. En este caso, al paciente Kouichi Matsuyama se le diagnosticó erróneamente una afección benigna cuando, en realidad, padecía cáncer de estómago. Este fracaso diagnóstico tuvo consecuencias trágicas, lo que resultó en un tratamiento inadecuado que no abordó la enfermedad subyacente, lo que finalmente provocó la muerte del paciente. El tribunal consideró que la negligencia del médico al no realizar pruebas adicionales, que podrían haber identificado el cáncer en una etapa más temprana, constituía una violación de los estándares de atención esperados en la práctica médica.

El tribunal dictaminó que el médico, al no tomar las precauciones adecuadas para investigar más a fondo los síntomas de Matsuyama, actuó con negligencia. Este descuido privó al paciente de una posibilidad potencialmente significativa de recibir un tratamiento adecuado, que podría haber prolongado su vida o al menos ofrecerle una mejor calidad de vida en las etapas finales de su enfermedad. Aunque la muerte del paciente pudo haber sido inevitable, el tribunal reconoció que no diagnosticar el cáncer a tiempo redujo las posibilidades de supervivencia de Matsuyama, lo que fue suficiente para imponer responsabilidad civil al médico.

el caso *Matsuyama contra Birnbaum* es particularmente significativo porque estableció el concepto de "pérdida de oportunidad" en la jurisprudencia estadounidense. Este concepto legal permite que un médico sea considerado responsable no sólo de causar directamente la muerte o daño a un paciente, sino también de disminuir significativamente las posibilidades de supervivencia o recuperación del paciente debido a un error o negligencia. La decisión representó un hito en la responsabilidad médica, ampliando la comprensión de cómo los tribunales pueden evaluar el impacto de los errores médicos en el pronóstico de los pacientes.

En el caso concreto de Matsuyama, el tribunal consideró que, aunque el cáncer fuera finalmente mortal, la conducta negligente del médico al no diagnosticar la enfermedad a tiempo redujo las posibilidades de un tratamiento eficaz y de prolongación de la vida, justificando así una indemnización a la familia del paciente. Este precedente legal refuerza la importancia de la responsabilidad de los profesionales de la salud de tomar todas las medidas necesarias para diagnosticar y tratar enfermedades con diligencia, incluso en situaciones en las que la recuperación completa del paciente puede no ser posible. La doctrina de la "pérdida de oportunidad" continúa influyendo en las decisiones judiciales en los Estados Unidos, dando forma a la forma en que se entiende y aplica la responsabilidad médica en casos de error de diagnóstico.

Caso 2: Responsabilidad civil en Francia por error quirúrgico

En Francia, el caso *Lambert contra el timón* Es un claro ejemplo de responsabilidad civil en el ámbito médico, que implica un error grave durante una cirugía de urgencia. Durante el procedimiento, un instrumento quirúrgico quedó dentro del cuerpo del paciente, Lambert, falla que no fue detectada de inmediato. Sólo meses después, cuando el paciente comenzó a sentir dolores persistentes e inexplicables, se descubrió la presencia del instrumento, revelando la negligencia ocurrida durante la cirugía.

El tribunal francés, al evaluar el caso, determinó que tanto el hospital La Timone como el cirujano responsable del procedimiento eran corresponsables del daño causado al paciente. Esta decisión dio lugar a que se ordenara a ambos hombres pagar una indemnización sustancial a Lambert, con el objetivo de compensar tanto el daño físico (resultante del sufrimiento prolongado y el riesgo para la salud planteado por la presencia del objeto extraño) como el daño psicológico asociado con el trauma de haber vivido con un cuerpo extraño sin saberlo, además de las preocupaciones y angustias derivadas de la negligencia médica.

el caso *Lambert contra el timón* Es particularmente significativo porque pone de relieve la aplicación de la responsabilidad objetiva en el contexto de los establecimientos sanitarios en Francia. Este principio jurídico implica que la institución hospitalaria puede ser considerada responsable de los daños sufridos por un paciente, incluso en ausencia de prueba de culpabilidad directa por parte del cirujano u otros profesionales involucrados. En otras palabras, el hospital es visto como responsable de la seguridad general de los pacientes bajo su cuidado, lo que incluye la supervisión de las prácticas y procedimientos realizados dentro de sus instalaciones. La responsabilidad objetiva, en este caso, tiene como objetivo garantizar que los pacientes tengan un camino claro para buscar reparación cuando ocurren errores médicos graves, independientemente de las complejidades de demostrar la negligencia de un cirujano individual u otro profesional.

Este caso resalta la importancia de estándares rigurosos de control y supervisión en ambientes hospitalarios, reforzando la idea de que la responsabilidad por la seguridad del paciente no solo recae en los individuos, sino también en las instituciones que ofrecen servicios de salud. La decisión del tribunal no sólo aseguró justicia para el paciente, sino que también envió un mensaje claro sobre la necesidad de una vigilancia constante y protocolos estrictos para evitar errores similares en el futuro. La aplicación de responsabilidad estricta en casos como este fortalece la confianza pública en el sistema de salud al garantizar que los pacientes puedan buscar y recibir justicia en situaciones de negligencia médica.

Caso 3: El enfoque de la India ante los errores médicos

En la India, el caso *Jacob Mathew contra el estado de Punjab* es ampliamente reconocido como un hito en la jurisprudencia sobre responsabilidad médica. El caso involucró la muerte de un paciente, presuntamente causada por un retraso en la atención de emergencia. La familia del paciente alegó que la demora en brindarle atención médica contribuyó significativamente a su muerte y pidió responsabilidad penal para los médicos involucrados.

La Corte Suprema de la India, mientras deliberaba sobre el caso, adoptó un enfoque cauteloso y mesurado. El tribunal destacó que la responsabilidad penal por negligencia médica debe aplicarse con extrema precaución y sólo en circunstancias que impliquen negligencia grave. El fallo destacó que los errores triviales o las decisiones médicas que se ajusten a estándares razonables de atención no deberían estar sujetos a sanciones penales. El tribunal destacó que la práctica médica es intrínsecamente compleja e implica la toma de decisiones en condiciones a menudo inciertas y estresantes. Por lo tanto, es fundamental que el sistema legal distinga entre errores genuinos y negligencia grave, evitando así la imposición de sanciones excesivas en situaciones en las que los profesionales de la salud actuaron de acuerdo con lo que sus pares considerarían razonable.

El juicio en el caso. *Jacob Mateo* refuerza la necesidad de un enfoque equilibrado para responsabilizar a los profesionales sanitarios. El tribunal advirtió que la aplicación indiscriminada de la responsabilidad penal podría tener un efecto adverso en la práctica médica, desalentando potencialmente a los médicos a tomar decisiones audaces o innovadoras por temor a represalias legales. Al mismo tiempo, el tribunal reconoció que los pacientes tienen derecho a recibir una atención competente y que en casos de negligencia grave, los profesionales deben rendir cuentas.

Este caso sentó un precedente importante en la jurisprudencia india y sirvió como guía para futuros juicios por negligencia médica. Destacó la importancia de proteger tanto los derechos de los pacientes como la integridad de la práctica médica promoviendo un ambiente donde los médicos puedan trabajar con confianza, sabiendo que los errores honestos, cometidos dentro de los límites de estándares razonables, no conducirán automáticamente a consecuencias penales. Al equilibrar estas consideraciones, la Corte Suprema de la India ha contribuido a construir un sistema de salud más justo y funcional que protege los intereses de los pacientes sin sobrecargar innecesariamente a los profesionales de la salud.

Estos casos ilustran las diferentes formas en que los sistemas legales abordan la responsabilidad civil por negligencia médica, reflejando los matices culturales y legales que influyen en las decisiones judiciales. El análisis de estos casos ofrece lecciones valiosas para comprender la responsabilidad civil en un contexto global y demuestra la importancia de adaptar las prácticas médicas a las expectativas legales y culturales de cada jurisdicción.

CAPÍTULO 3: RESPONSABILIDAD PENAL Y ÉTICA PROFESIONAL

Principios de Responsabilidad Penal

La responsabilidad penal en la práctica médica es un tema de suma importancia, ya que implica la posibilidad de sanciones punitivas, como prisión y multas, para los profesionales de la salud que cometan infracciones graves. Los principios fundamentales que guían la responsabilidad penal son la intención y la culpa, conceptos que delimitan la línea entre un error sujeto a sanción penal y un error que, aunque grave, puede no tener consecuencias penales.

La intención, en el contexto jurídico, se refiere a la intención deliberada de causar daño. En el campo médico, esta noción adquiere una connotación especialmente grave, ya que la práctica de la medicina está, por su naturaleza, guiada por la ética del cuidado y la protección de la vida y el bienestar de los pacientes. La intención ocurre cuando un profesional de la salud actúa con la intención clara y consciente de dañar a un paciente, ya sea por conducta directa u omisión deliberada.

Cuando se trata de dolo, el profesional sanitario no sólo comete un error o actúa con negligencia, sino que lo hace con plena conciencia de las consecuencias de sus acciones u omisiones, eligiendo intencionalmente causar daño. Esto significa que el profesional es consciente de que sus acciones son perjudiciales y, sin embargo, decide continuar, impulsado por motivos que pueden variar, desde el interés personal hasta la malicia deliberada. La intencionalidad, por tanto, eleva la responsabilidad del profesional a un nivel de gravedad que va más allá de la negligencia o la imprudencia, haciendo la conducta aún más reprobable y sujeta a severas sanciones.

Aunque los casos de fraude en el campo de la salud son raros, su ocurrencia tiene un impacto significativo tanto en la confianza del paciente como del público en la profesión médica. Ejemplos de malicia pueden incluir administrar intencionalmente tratamientos inapropiados, sabiendo que causarán daño al paciente o falsificar deliberadamente documentos médicos para encubrir errores o justificar procedimientos innecesarios. Estos actos no sólo violan las normas éticas fundamentales de la práctica médica, sino que también contravienen el Juramento Hipocrático, que obliga a los profesionales de la salud a actuar siempre en el mejor interés de sus pacientes.

Identificar la intención en casos médicos requiere un análisis exhaustivo de las circunstancias, incluida la motivación del profesional y la evidencia de que actuó con una clara intención de causar daño. Debido a su gravedad, la malicia en la práctica médica a menudo resulta en graves consecuencias legales y profesionales, incluyendo la pérdida de la licencia para ejercer la medicina, sanciones penales y responsabilidad civil por los daños causados. Además, el impacto en la confianza pública en el sistema de salud es profundo, ya que los pacientes deben poder confiar en que los profesionales de la salud siempre actuarán con integridad y en beneficio del bienestar de aquellos a quienes cuidan.

En definitiva, aunque raro, el fraude en el contexto médico es una violación extrema de la ética y de la responsabilidad profesional, y su presencia requiere en cualquier caso una respuesta firme tanto del sistema jurídico como de los órganos reguladores de la profesión.

La culpa se refiere a la conducta inapropiada de un profesional de la salud que, aunque sin la intención deliberada de causar daño, termina resultando en graves consecuencias adversas para el paciente. A diferencia del dolo, donde existe una clara intención de hacer daño, la culpa implica situaciones en las que el daño podría haberse evitado si el profesional hubiera seguido los estándares de cuidado establecidos por la profesión. La culpa se manifiesta en tres formas principales: negligencia, imprudencia y mala praxis, cada una de las cuales caracteriza un tipo específico de fracaso en la práctica médica.

La negligencia es quizás la forma de culpa más común en la práctica médica. Se refiere a la falta de cuidado o atención al realizar una tarea que está dentro de las competencias del profesional. Por ejemplo, la negligencia puede ocurrir cuando un médico no monitorea adecuadamente a un paciente después de un procedimiento quirúrgico, sin detectar signos de complicaciones que podrían tratarse tempranamente. La negligencia generalmente surge de una omisión, ya sea por no tomar las medidas necesarias o por el desempeño inadecuado de una tarea rutinaria.

La imprudencia, en cambio, implica una acción precipitada o una falta de precaución que pone en riesgo al paciente. Un ejemplo clásico de imprudencia es realizar una cirugía compleja sin la preparación adecuada, como la falta de exámenes preoperatorios imprescindibles o la decisión de realizar el procedimiento en condiciones inadecuadas. La imprudencia se caracteriza por una actitud que ignora las normas de seguridad y los protocolos establecidos, lo que muchas veces resulta en daños que podrían haberse evitado con un enfoque más cauteloso.

La mala praxis se refiere a la falta de habilidad o conocimiento técnico necesario para realizar un procedimiento específico, lo que resulta en daño al paciente. La mala praxis puede ocurrir cuando un profesional intenta realizar un procedimiento para el cual no está adecuadamente capacitado o cuando utiliza técnicas inapropiadas, provocando resultados adversos. Por ejemplo, un cirujano que no tiene la experiencia necesaria para realizar una cirugía específica y, como resultado, sin querer lesiona al paciente, está actuando con negligencia.

En todos estos casos, la culpa implica que el profesional de la salud actuó de una manera que no cumple con los estándares de atención requeridos por la profesión. Aunque no existe la intención de causar daño, no actuar con el nivel adecuado de cuidado, habilidad o precaución resulta en responsabilidad por la lesión o daño sufrido por el paciente. En la práctica médica, la culpa es un concepto central ya que resalta la importancia de adherirse estrictamente a los estándares profesionales y éticos para proteger la seguridad y el bienestar de los pacientes. Cada grado de culpa —ya sea por negligencia, imprudencia o mala práctica— conlleva una expectativa de responsabilidad, que es fundamental para mantener la confianza del público en el sistema de salud.

Estos principios son cruciales para la caracterización de la responsabilidad penal, ya que determinan la gravedad de la infracción y, en consecuencia, las sanciones aplicables. La aplicación de la responsabilidad penal en la práctica médica requiere un análisis detallado de los hechos y las intenciones del profesional, basado en la evidencia disponible.

Diferencia entre responsabilidad civil y penal

La distinción entre responsabilidad civil y penal es fundamental para comprender las diferentes implicaciones jurídicas que pueden afrontar los profesionales sanitarios ante errores u omisiones en el desempeño de sus funciones. Aunque ambas formas de responsabilidad implican una indemnización por los daños causados, operan en ámbitos jurídicos diferentes y conllevan consecuencias jurídicas muy diferentes para los implicados.

La responsabilidad civil se guía predominantemente por la necesidad de reparar los daños sufridos por el paciente. El principal objetivo de esta forma de responsabilidad es compensar a la víctima, normalmente mediante daños económicos, con el fin de restablecer en la medida de lo posible su situación al estado anterior al daño. La responsabilidad civil se basa en demostrar que hubo un error, negligencia o mala praxis por parte del profesional sanitario, que resultó en daño al paciente. Es importante resaltar que la responsabilidad civil no tiene como objetivo sancionar al profesional, sino reparar el daño causado, buscando restablecer el equilibrio entre las partes. La acción civil es interpuesta por la víctima o sus representantes legales, y la decisión judicial se centra en una adecuada indemnización, sin intención de imponer una sanción al profesional.

Por otro lado, la responsabilidad penal tiene un enfoque diferente, centrándose en sancionar a los profesionales sanitarios por conductas consideradas socialmente inaceptables y que vulneran las normas legales establecidas. La responsabilidad penal no se refiere sólo al daño causado, sino también al grado de culpa, negligencia grave o dolo que condujo al error. En los casos en que la conducta del profesional se considere especialmente objetable, como en situaciones de extrema negligencia o acciones intencionadas que resulten en daños graves al paciente, como la muerte o la invalidez, se podrá invocar responsabilidad penal. Las sanciones penales, que pueden incluir prisión, multas u otras restricciones a la libertad, se imponen no sólo para castigar al infractor, sino también para servir de ejemplo preventivo,

desalentando otras posibles
infracciones.

La principal diferencia entre estas dos
esferas de responsabilidad reside en la
naturaleza de las sanciones y la
exigencia de prueba. En responsabilidad
civil, la atención se centra en
compensar a la víctima por los daños
sufridos, y la preponderancia de la
prueba, es decir, demostrar que es más
probable que se haya producido el
error, es suficiente para establecer la
responsabilidad. En materia de
responsabilidad penal, el nivel de
prueba es significativamente mayor; La
culpabilidad o intención del
profesional debe demostrarse más allá
de cualquier duda razonable, lo que
refleja la gravedad de las
consecuencias asociadas a una condena
penal.

Así, mientras la responsabilidad civil
busca restablecer la condición del
paciente a través de una compensación
económica, la responsabilidad penal
tiene como objetivo sancionar al
profesional por una conducta que viola
los estándares legales y éticos de la
práctica médica, protegiendo tanto al
paciente como a la sociedad en general.
Comprender esta distinción es crucial
para los profesionales de la salud, ya

que determina cómo se pueden tratar legalmente los diferentes tipos de infracciones y qué posibles consecuencias pueden enfrentar en sus prácticas profesionales.

Casos Notables de Responsabilidad Penal

La responsabilidad penal de los profesionales de la salud ha sido objeto de varios casos emblemáticos en todo el mundo, poniendo de relieve la gravedad de las consecuencias que pueden derivarse de una conducta inadecuada en el ejercicio de la medicina.

Caso 1: Harold Shipman (Reino Unido)

Harold Shipman, un médico británico, lideró uno de los casos de responsabilidad penal más notorios en la historia de la medicina, dejando una huella indeleble en la práctica médica y los sistemas de salud a nivel mundial. Shipman fue declarado culpable de asesinar a unos 250 pacientes a lo largo de su carrera administrándoles deliberadamente dosis letales de morfina. Este caso es un ejemplo extremo de dolo en la práctica médica, donde el profesional, en lugar de actuar a favor de la salud y el bienestar de los pacientes, utilizó sus conocimientos y posición de autoridad para cometer crímenes atroces.

El comportamiento de Shipman reveló un fallo monumental en el sistema de vigilancia y control de los profesionales de la salud, donde un médico, investido de la total confianza de la sociedad, se convirtió en un asesino en serie. Seleccionó a sus víctimas entre pacientes vulnerables, a menudo ancianos, y utilizó sus habilidades médicas para encubrir sus acciones, falsificando registros médicos y certificados de defunción para enmascarar las verdaderas causas de la muerte. La revelación de sus crímenes conmocionó al Reino Unido y al mundo, planteando serias dudas sobre cómo una tragedia de esta magnitud pudo haber pasado desapercibida durante tantos años.

Shipman fue sentenciado a cadena perpetua en 2000, sin posibilidad de libertad condicional, y murió en prisión en 2004. El impacto de sus crímenes no se limitó a las vidas que quitó; Su caso precipitó una revisión importante de los controles regulatorios sobre la práctica médica en el Reino Unido. La investigación pública que siguió, conocida como

Consulta de marinero, dio lugar a una serie de recomendaciones para reformar la supervisión de los médicos, mejorar los procesos de certificación y certificados de defunción, y aumentar la vigilancia y la rendición de cuentas en la práctica médica.

El caso de Harold Shipman destaca la importancia crucial de mantener un sistema de salud sólido con mecanismos eficaces de supervisión y rendición de cuentas. También destaca la necesidad de reconocer que, aunque los casos de malicia como el de Shipman son extremadamente raros, las consecuencias de las fallas en el sistema de vigilancia pueden ser catastróficas. La respuesta del sistema de salud británico a la tragedia de Shipman ha enfatizado la implementación de medidas diseñadas para evitar que cualquier médico u otro profesional de la salud aproveche su posición de confianza para causar daño deliberado. Este caso sigue sirviendo como un sombrío recordatorio de la necesidad de una vigilancia constante y rigurosa para proteger la seguridad y los derechos de los pacientes.

Caso 2: Michael Jackson y Conrad Murray (Estados Unidos)

Otro caso sonado de responsabilidad penal en la práctica médica fue el del Dr. Conrad Murray, directamente relacionado con la muerte del icónico cantante Michael Jackson. Murray fue condenado por homicidio involuntario tras administrarle una dosis letal de propofol a Jackson, un potente anestésico que el médico utilizaba para ayudar al cantante a dormir. Este caso destacó la responsabilidad penal por imprudencia cuando, aunque no hubo intención deliberada de causar la muerte, el médico actuó de una manera extremadamente negligente y fuera de los estándares aceptables de atención.

El ensayo reveló que el Dr. Murray administró propofol en un entorno no hospitalario, sin el equipo necesario para monitorear adecuadamente las funciones vitales de Jackson, y sin las medidas de seguridad apropiadas que son obligatorias cuando se usa un medicamento de tal potencia y riesgo. La falta de un seguimiento adecuado y la ausencia de una respuesta inmediata cuando Jackson sufrió un paro respiratorio fueron cruciales para determinar la negligencia grave por parte del médico.

La sentencia de Murray a cuatro años de prisión subrayó la seriedad con la que el sistema legal trata los casos de imprudencia en la práctica médica, especialmente cuando las acciones del profesional resultan en la pérdida de la vida. Este caso sirvió como advertencia sobre los importantes riesgos asociados con el uso inadecuado de medicamentos recetados y destacó la importancia de seguir estrictamente los protocolos médicos y las normas de atención al administrar tratamientos potencialmente peligrosos.

El caso de Michael Jackson también sacó a la luz cuestiones más amplias sobre la ética médica y el papel de los médicos en la protección de la salud y el bienestar de sus pacientes, incluso cuando están bajo presión para cumplir con solicitudes que podrían comprometer la seguridad del paciente. El juicio del Dr. Murray enfatizó que los profesionales de la salud tienen la responsabilidad inalienable de mantener los más altos estándares de atención, independientemente de las circunstancias o la demanda de los pacientes.

Este episodio continúa siendo una referencia importante en la discusión sobre la responsabilidad penal en medicina, mostrando que, incluso sin intención, una imprudencia que resulta

en daños graves o la muerte puede
conducir a sanciones penales severas.
Refuerza la necesidad de vigilancia
continua, ética y competencia en la
práctica médica, especialmente en el
manejo de sustancias controladas que
pueden tener efectos fatales si se usan
de manera inapropiada.

Caso 3: El caso del Hospital Suresnes (Francia)

En 1998, en el Hospital Suresnes de
Francia, un trágico caso de muerte de
un paciente durante una cirugía de
rutina llamó la atención sobre la
cuestión de la responsabilidad penal en
la práctica médica. Un anestesista fue
condenado por homicidio involuntario
después de que su paciente muriera por
sobredosis de anestésico. El tribunal
concluyó que el médico actuó con
negligencia grave al no controlar
adecuadamente al paciente durante el
procedimiento anestésico, al no
detectar y corregir a tiempo la dosis
excesiva.

Este caso puso de relieve claramente la
responsabilidad penal por mala práctica
y negligencia en el campo de la
anestesiología, donde la precisión y la
vigilancia continua son esenciales para
la seguridad del paciente. La

negligencia, caracterizada por la falta de habilidad técnica o conocimiento adecuado, y la negligencia, evidenciada por el incumplimiento de los estándares de atención establecidos, fueron factores cruciales para determinar la culpabilidad del anestesista. El tribunal destacó que, en un entorno quirúrgico, la obligación de realizar un seguimiento constante y preciso del paciente es fundamental para prevenir situaciones de riesgo y garantizar que cualquier complicación sea rápidamente identificada y tratada.

La repercusión del caso fue significativa, no sólo por el impacto directo en la vida de los involucrados, sino también por el efecto que tuvo en la práctica de la anestesia en los hospitales franceses. La condena del anestesista motivó una revisión de los protocolos de seguimiento de la anestesia en todo el país, con el objetivo de mejorar la seguridad del paciente y evitar que incidentes similares ocurran en el futuro. Los cambios incluyeron la implementación de estándares más estrictos para el monitoreo continuo de los signos vitales de los pacientes durante la anestesia, la mejora de los procedimientos de capacitación para los profesionales de la salud y la introducción de tecnologías avanzadas para ayudar a monitorear las condiciones de los pacientes de manera oportuna. real.

Este caso sirve como un poderoso recordatorio de que la mala práctica y la negligencia en la práctica médica pueden tener consecuencias devastadoras tanto para los pacientes como para los profesionales de la salud. Destaca la importancia de cumplir estrictamente los protocolos de seguridad y mantener un alto nivel de competencia técnica, especialmente en áreas tan críticas como la anestesiología. Además, el caso refuerza la necesidad de un sistema de salud que priorice la educación continua y el desarrollo profesional, de modo que los médicos estén siempre preparados para enfrentar las complejidades y desafíos de sus funciones, minimizando los riesgos para los pacientes bajo su cuidado. cuidado.

Estos casos ilustran la gravedad con que se tratan los delitos penales en el campo de la medicina y cómo se aplica la responsabilidad penal para proteger a los pacientes y garantizar que los profesionales de la salud rindan cuentas de sus acciones. También resaltan la importancia de una práctica médica ética y rigurosa, donde la vida

y el bienestar del paciente sean
siempre una prioridad.

CAPÍTULO 4: ANÁLISIS DE CASOS JURISPRUDENCIALES INTERNACIONALES

Casos Emblemáticos

El análisis de la jurisprudencia internacional ofrece una visión crucial sobre cómo los diferentes sistemas legales abordan la responsabilidad médica y cómo estas decisiones dan forma a la práctica de la medicina a nivel global. A continuación se explorarán tres casos emblemáticos que han tenido un impacto significativo tanto en el ámbito jurídico como en la práctica médica.

Caso 1: Montgomery v. Lanarkshire Health Board (Reino Unido, 2015)

el caso *Montgomery contra la Junta de Salud de Lanarkshire* representa un hito importante en la jurisprudencia del Reino Unido, al redefinir los estándares del consentimiento informado en la práctica médica. En esta situación, la Sra. Nadine Montgomery, una paciente diabética de baja estatura, no fue informada por su médico sobre el mayor riesgo de distocia de hombros durante el parto, una condición que finalmente ocurrió y resultó en lesiones graves y permanentes a su hijo. La distocia de hombros es una complicación obstétrica en la que los hombros del bebé quedan atrapados detrás del pubis de la madre durante el parto, lo que puede provocar daños importantes tanto a la madre como al bebé si no se maneja adecuadamente.

El tribunal falló a favor de la Sra. Montgomery y estableció que los médicos tienen la obligación legal de informar a los pacientes de todos los riesgos materialmente relevantes relacionados con un tratamiento o procedimiento, permitiéndoles a los pacientes tomar decisiones informadas sobre su atención. La decisión marcó un cambio crucial en el enfoque del consentimiento informado, alejándose del modelo tradicional en el que los médicos decidían qué era mejor para el paciente en función de su juicio clínico, hacia un modelo más centrado en el paciente en el que se reconoce la autonomía del paciente como un principio fundamental. .

EL *Tribunal Supremo del Reino Unido* enfatizó que el consentimiento informado debe verse desde la perspectiva del paciente, considerando lo que un paciente razonable, en una situación similar, querría saber antes de tomar una decisión sobre su tratamiento. Esto incluye informar sobre riesgos que el médico puede considerar remotos, pero que el paciente, bien informado, podría considerar importantes para su decisión. En el caso de la señora Montgomery, el tribunal consideró que si le hubieran informado del riesgo de distocia de hombros, podría haber optado por una cesárea, lo que habría evitado las lesiones sufridas por su hijo.

Este caso sentó un importante precedente legal al reconocer que los pacientes tienen derecho a estar plenamente informados sobre los riesgos y las opciones disponibles para que puedan ejercer su autonomía de manera efectiva. La decisión también reflejó un cambio cultural en la práctica médica, donde el paternalismo médico fue reemplazado por una asociación más equilibrada entre médico y paciente. Del caso *montgomery*, el consentimiento informado se ha convertido en algo más que una mera formalidad; se ha convertido en un proceso dinámico e imprescindible, en el que el diálogo abierto y transparente entre el médico y el paciente es crucial para la toma de decisiones en materia de asistencia sanitaria.

En resumen, el caso *Montgomery contra la Junta de Salud de Lanarkshire* reforzó la importancia de respetar la autonomía del paciente, solidificando el principio de que los pacientes deben estar en el centro de las decisiones sobre su atención médica. También destacó la responsabilidad de los médicos de proporcionar información completa y clara, que permita a los pacientes tomar decisiones informadas sobre su tratamiento, basadas en una comprensión plena de los riesgos y beneficios involucrados.

Caso 2: Bolam v. Friern Hospital Management Committee (Reino Unido, 1957)

Aunque antes del caso *montgomery*, el caso *Bolam contra el Comité de Gestión del Hospital Friern* es ampliamente reconocido como un hito en el derecho médico británico, estableciendo un importante precedente legal conocido como la "prueba de Bolam". Decidido en 1957, el caso involucraba a John Bolam, un paciente que sufrió una fractura durante un tratamiento con terapia electroconvulsiva (TEC) sin haber sido informado previamente sobre el riesgo de fracturas ni haberle ofrecido relajantes musculares. Bolam demandó al hospital por negligencia, alegando que

no informarle de los riesgos ni
administrarle relajantes musculares
constituía una desviación de los
estándares de atención.

Sin embargo, el tribunal dictaminó que
el médico no podía ser considerado
negligente si sus acciones estaban de
acuerdo con una práctica aceptada de un
cuerpo responsable de médicos
especializados en ese campo. Este
principio se conoció como la "prueba de
Bolam" y estipulaba que, siempre que un
médico actuara de acuerdo con una
opinión médica reconocida y acreditada,
no podía ser considerado negligente,
incluso si otros profesionales de la
salud adoptaban un enfoque diferente.
En esencia, la prueba de Bolam otorgaba
una gran deferencia al juicio clínico
de los médicos y a la diversidad de
opiniones dentro de la profesión
médica.

Durante varias décadas, la "prueba de
Bolam" fue una piedra angular de la
jurisprudencia médica en el Reino
Unido, brindando amplia libertad a los
médicos en sus decisiones clínicas,
siempre que sus acciones estuvieran
respaldadas por la práctica aceptada
dentro de la comunidad médica. Sin
embargo, este enfoque se centró casi
exclusivamente en el punto de vista del

profesional de la salud, sin considerar adecuadamente la perspectiva y los derechos del paciente, particularmente en lo que respecta al consentimiento informado.

el caso *Montgomery contra la Junta de Salud de Lanarkshire* 2015 cuestionó y, de alguna manera, redefinió el principio establecido por la prueba de Bolam. Si bien el caso Bolam hizo hincapié en el cumplimiento de las prácticas médicas aceptadas, *montgomery* sacó a la luz la importancia del consentimiento informado, reconociendo que la responsabilidad médica también debe tener en cuenta la necesidad de informar plenamente a los pacientes sobre los riesgos que implican sus tratamientos. *montgomery* marcó una evolución significativa en la responsabilidad médica al cambiar el enfoque del estándar de atención aceptado entre los médicos a la autonomía del paciente y el derecho a estar plenamente informado.

Esta evolución legal refleja un cambio más amplio en la relación entre médicos y pacientes, donde la transparencia y la comunicación clara se han vuelto tan importantes como la competencia técnica. La prueba de Bolam, aunque sigue siendo relevante en ciertos

contexts, se ha relativizado al
entender que el estándar de atención
debe incluir el deber de informar
adecuadamente a los pacientes,
permitiéndoles tomar decisiones
informadas sobre sus tratamientos. Así,
si bien el caso Bolam sentó las bases
para proteger a los médicos que actúan
de conformidad con prácticas
reconocidas, *montgomery* ha avanzado
para garantizar que el consentimiento
informado y voluntario del paciente sea
un elemento central en la práctica
médica moderna.

Caso 3: Roe v. Wade Ministro de Salud (Reino Unido, 1954)

No caso *Roe contra el Ministro de
Salud*, ocurrido en 1954, dos pacientes
quedaron paralizados tras recibir
anestesia contaminada con fenol,
sustancia utilizada para esterilizar
botellas de vidrio. La contaminación se
produjo cuando el fenol, utilizado como
agente esterilizante, entró
accidentalmente en la solución
anestésica debido a grietas
microscópicas en las botellas de
almacenamiento, algo que se desconocía
en ese momento. Los pacientes
demandaron al hospital y a los médicos,
alegando negligencia por administrar

una sustancia contaminada que resultó en un daño permanente.

Sin embargo, el tribunal dictaminó que ni el hospital ni los médicos podían ser considerados negligentes, ya que el riesgo de contaminación por fenol no era ampliamente conocido ni previsible en ese momento. El tribunal destacó que, para que se considere negligencia, el riesgo debe ser conocido o predecible en función del conocimiento y las prácticas médicas del momento. Como este riesgo específico no había sido identificado antes del incidente, los profesionales sanitarios no podrían ser considerados responsables por no tomar precauciones contra él.

el caso *Roe contra el Ministro de Salud* a menudo se cita como un ejemplo clásico de cómo debe evaluarse la responsabilidad médica en el contexto del conocimiento científico y las prácticas médicas disponibles en el momento en que ocurrió el incidente. Este caso resalta la importancia del contexto histórico para determinar la negligencia, reconociendo que los profesionales de la salud solo pueden ser considerados responsables por no prever o mitigar riesgos que eran, o deberían haber sido, conocidos en ese momento. La decisión ilustra el

principio de que la evaluación de la
conducta médica debe considerar el
estado de la ciencia médica y los
estándares de atención vigentes en el
momento del evento, evitando juzgar con
base en conocimientos o prácticas
desarrolladas posteriormente.

Esta perspectiva histórica es crucial
para evaluar la responsabilidad médica,
ya que reconoce que la medicina es una
ciencia en constante evolución. A
medida que se descubren nuevos riesgos
y se establecen nuevos estándares de
atención, lo que puede considerarse
negligencia en un contexto posterior
puede no haber sido predecible o
prevenible anteriormente. el caso *Roe
contra el Ministro de Salud* sigue
siendo una referencia importante en la
jurisprudencia, recordándonos que la
responsabilidad médica debe juzgarse
con base en lo que era razonablemente
conocido y practicable en el momento
del tratamiento, garantizando así una
evaluación justa y contextualizada de
la actuación de los profesionales de la
salud.

Impacto en la legislación y la práctica médica

La jurisprudencia no sólo sienta
precedentes jurídicos, sino que también

influye directamente en la legislación y la práctica médica. Cada uno de los casos mencionados ha tenido impactos duraderos, dando lugar a reformas legales y cambios significativos en las prácticas clínicas.

Impacto del caso Montgomery

el caso *montgomery* ha tenido un profundo impacto en la definición de consentimiento informado en el Reino Unido, remodelando la forma en que los médicos abordan la comunicación de los riesgos y las opciones de tratamiento con sus pacientes. antes del caso *montgomery*, la práctica médica a menudo seguía un modelo paternalista, donde los médicos decidían qué información era relevante compartir con los pacientes, basándose en su propio juicio clínico y prácticas aceptadas por la comunidad médica. el juicio de *montgomery*, sin embargo, requirió un cambio significativo en este enfoque, enfatizando que el consentimiento informado debe ser personalizado y centrado en las necesidades y preocupaciones individuales de cada paciente.

El tribunal, al fallar a favor de Nadine Montgomery, estableció que los médicos tienen la obligación legal de proporcionar información completa y comprensible sobre todos los riesgos materialmente relevantes para que los pacientes puedan tomar decisiones verdaderamente informadas sobre su atención médica. Esto incluye considerar los valores, preferencias y circunstancias personales del paciente al discutir las opciones de tratamiento. La decisión reconoció que los pacientes no son simplemente receptores pasivos de atención médica, sino participantes activos en el proceso de toma de decisiones que afecta sus vidas y su salud.

Esta redefinición del alcance del consentimiento informado ha llevado a un cambio significativo en la práctica médica en el Reino Unido. Ahora se requiere que los médicos adopten un enfoque más colaborativo y comunicativo, donde el diálogo con el paciente sea fundamental para el proceso de consentimiento. Los profesionales sanitarios deben garantizar que los pacientes comprendan plenamente los riesgos y beneficios de las diferentes opciones de tratamiento y que esta información se proporcione de forma que respete las preferencias y preocupaciones individuales del paciente.

El impacto del caso *montgomery* ha trascendido las fronteras del Reino Unido, inspirando revisiones de los estándares de consentimiento informado en varias otras jurisdicciones alrededor del mundo. En muchos países, la decisión sirvió como catalizador para promover una práctica médica más centrada en el paciente, donde la autonomía del paciente y el respeto por sus elecciones se han convertido en elementos fundamentales de la ética médica. Esta evolución global en la comprensión del consentimiento informado refleja una creciente apreciación de la transparencia, la comunicación efectiva y el respeto por la autonomía del paciente en la práctica médica moderna.

Al redefinir el consentimiento informado, el caso *montgomery* no sólo elevó los estándares de la práctica médica, sino que también reforzó la idea de que la atención médica debe ser una asociación entre médico y paciente, basada en la confianza mutua y la comunicación abierta. Este enfoque más personalizado en el consentimiento informado contribuye a una medicina más humana y ética, donde las decisiones sobre los tratamientos se toman de una manera más alineada con los deseos y valores de los pacientes, promoviendo mejores resultados clínicos y una mayor satisfacción con la atención recibida.

Impacto del caso Bolam

La prueba de Bolam, establecida en el caso. *Bolam contra el Comité de Gestión del Hospital Friern* en 1957, se convirtió en un hito en la jurisprudencia médica, influyendo en la legislación de varias jurisdicciones alrededor del mundo. Esta prueba estipulaba que un médico no podía ser considerado negligente si sus acciones estaban de acuerdo con una práctica aceptada por un organismo responsable de profesionales médicos. En otras palabras, siempre que un profesional actuara de acuerdo con una opinión acreditada dentro de la comunidad médica, estaría protegido de acusaciones de negligencia, incluso si otros expertos hubieran adoptado un enfoque diferente.

La prueba de Bolam fue ampliamente adoptada como estándar para determinar negligencia médica, proporcionando un escudo considerable para los profesionales de la salud al garantizar que sus acciones serían juzgadas en función de lo que sus pares consideraran aceptable. Sin embargo, a medida que pasó el tiempo y surgieron nuevos entendimientos sobre la importancia del consentimiento informado y la autonomía del paciente, la aplicación de esta prueba comenzó a ser cuestionada.

La evolución del pensamiento jurídico y médico, ejemplificada por el caso *Montgomery contra la Junta de Salud de Lanarkshire* en 2015 cuestionó el principio establecido por Bolam, especialmente en lo que respecta al consentimiento informado. Mientras Bolam se centraba en la conformidad con las prácticas médicas aceptadas, *montgomery* Enfatizó que la evaluación de negligencia médica también debe considerar si el paciente fue informado adecuadamente sobre los riesgos y las alternativas disponibles. Esto reflejó un cambio significativo en la forma en que se evalúa la negligencia, poniendo el foco no sólo en la competencia técnica sino también en la comunicación y el respeto por la autonomía del paciente.

Esta evolución subraya la necesidad de revisar los precedentes legales a la luz de nuevos conocimientos y expectativas sociales cambiantes. La prueba de Bolam, aunque fundamental en su época, empezó a considerarse insuficiente para hacer frente a la complejidad de la relación médico-paciente moderna, donde la transparencia y la comunicación clara son tan cruciales como la habilidad técnica. La jurisprudencia ha llegado a reconocer que la práctica médica debe evolucionar junto con la sociedad, y que los estándares de atención y evaluación de malas prácticas deben reflejar estos cambios.

Este cambio en la aplicación de la prueba Bolam demuestra la importancia de un enfoque dinámico para la interpretación y aplicación de la ley, donde los precedentes se reevalúan continuamente para garantizar que estén en línea con los avances de la medicina y las expectativas de la sociedad. A medida que los conceptos de autonomía del paciente y consentimiento informado ganan mayor relevancia, la forma en que se entiende y juzga la negligencia médica también debe evolucionar, garantizando que la práctica médica siga siendo justa y ética tanto para los profesionales como para los pacientes. .

Impacto del caso Roe

el caso *Roe contra el Ministro de Salud* sacó a la luz la importancia crucial de la previsibilidad del riesgo al evaluar la negligencia médica, marcando un punto de inflexión en la forma en que los tribunales abordan la responsabilidad de los profesionales de la salud. Decidido en 1954, este caso involucraba a dos pacientes que quedaron paralizados después de recibir anestesia contaminada con fenol, una sustancia utilizada para esterilizar viales de vidrio, que accidentalmente se mezcló con la solución anestésica debido a fisuras microscópicas en los viales. En ese momento, este riesgo específico no era conocido ni previsible, lo que llevó al tribunal a concluir que no se podía considerar negligentes al hospital y a los médicos.

La decisión en el caso *Hueva* fue significativo porque subrayaba que la responsabilidad médica debe evaluarse a la luz de los conocimientos científicos disponibles en el momento en que se llevó a cabo el tratamiento. Esto significa que la negligencia médica no puede determinarse basándose en riesgos que no eran previsibles en ese momento, sino únicamente en base a estándares de atención y prácticas que eran razonables y aceptables según el conocimiento existente. Este enfoque reconoce que la medicina es una ciencia en constante evolución y que los

profesionales de la salud no pueden ser
considerados responsables de fallas
que, en ese momento, estaban fuera del
alcance del conocimiento médico.

Además de influir en la jurisprudencia,
el caso *Hueva* tuvo un impacto
significativo en la formulación de
políticas de seguridad hospitalaria y
gestión de riesgos. Al resaltar la
importancia de la previsibilidad de los
riesgos, impulsó un mayor énfasis en
identificar y prevenir riesgos
previamente desconocidos. Los
hospitales y los sistemas de salud han
comenzado a adoptar políticas de
seguridad y control de calidad más
estrictas, con el objetivo de
identificar riesgos potenciales antes
de que puedan dañar a los pacientes.
Esto incluyó la implementación de
protocolos más avanzados para la
esterilización de equipos, el uso de
tecnologías que pueden detectar fallas
que antes no eran identificables y la
capacitación continua de profesionales
de la salud para enfrentar nuevos
desafíos a medida que surgen.

el caso *Hueva* reforzó la idea de que la
responsabilidad médica siempre debe
estar contextualizada dentro del
conocimiento científico y técnico
disponible en el momento del

tratamiento. Esto protege a los profesionales de la salud de ser juzgados con base en criterios ex post facto, es decir, criterios que no eran conocidos o aceptados en el momento de la atención. Al mismo tiempo, el caso animó a la medicina a adoptar una postura proactiva hacia la seguridad del paciente, reconociendo que anticipar y prevenir riesgos es fundamental para una práctica médica responsable.

En breve, *Roe contra el Ministro de Salud* no sólo influyó en la jurisprudencia sobre negligencia médica, sino que también catalizó cambios importantes en la forma en que se gestionan los riesgos en los entornos hospitalarios. Al centrarse en la previsibilidad y contextualización del conocimiento médico, el caso ayudó a dar forma a un sistema sanitario más seguro y adaptado a las realidades de una ciencia en constante evolución.

Lecciones aprendidas

El análisis de estos casos revela varias lecciones importantes para la práctica médica y la evolución de las leyes de responsabilidad médica.

Centralidad del consentimiento informado

Los casos analizados, especialmente los *Montgomery contra la Junta de Salud de Lanarkshire*, resaltan la importancia crucial del consentimiento informado como un derecho fundamental de los pacientes. La decisión en el caso *montgomery* estableció que los médicos tienen la obligación de brindar a los pacientes toda la información relevante sobre los riesgos, beneficios y alternativas de tratamiento, permitiéndoles a los pacientes tomar decisiones verdaderamente informadas sobre su salud. Este principio refleja un reconocimiento creciente de la autonomía del paciente, colocándolo en el centro del proceso de toma de decisiones médicas.

La práctica médica, por tanto, debe adaptarse a esta exigencia, garantizando que el consentimiento informado no sea sólo una formalidad, sino un proceso significativo de comunicación entre el médico y el paciente. Esto implica un esfuerzo activo por parte de los profesionales de la salud para garantizar que los pacientes comprendan completamente la información proporcionada, incluidos los riesgos potenciales involucrados con cada opción de tratamiento. El abordaje debe ser personalizado, teniendo en cuenta las circunstancias y preferencias individuales de cada paciente, para que pueda ejercer su autonomía de forma plena y consciente.

Este principio de consentimiento informado se está volviendo cada vez más central en la legislación sanitaria mundial a medida que los sistemas sanitarios de todo el mundo reconocen la importancia de respetar la autonomía de los pacientes. El cambio hacia una práctica médica más colaborativa y respetuosa es evidente en muchas jurisdicciones, donde los estándares legales y éticos están evolucionando para garantizar que los pacientes sean tratados como socios activos en el cuidado de su propia salud.

Este cambio no sólo refuerza los derechos de los pacientes, sino que también promueve una mayor confianza en la relación médico-paciente, esencial para la eficacia de los tratamientos y la satisfacción general con la atención sanitaria. El respeto a la autonomía del paciente, a través de un consentimiento informado sólido, se considera ahora un pilar fundamental de la práctica médica moderna, lo que refleja una evolución continua hacia un modelo de atención más humanizado, ético y centrado en la persona.

En resumen, casos como *montgomery* representan un avance significativo en la protección de los derechos de los pacientes, estableciendo el consentimiento informado como un derecho inalienable. Esta evolución requiere que la práctica médica se alinee con estos principios, asegurando que la comunicación y el respeto a la autonomía del paciente sean elementos centrales en todas las decisiones sanitarias. Como resultado, la legislación sanitaria mundial está incorporando cada vez más estos estándares, promoviendo una práctica médica que sea a la vez ética y respetuosa de las elecciones individuales de cada paciente.

Evolución de los patrones de negligencia

La jurisprudencia a lo largo de los años revela que los estándares de negligencia en la práctica médica no son fijos; más bien, deben evolucionar continuamente para reflejar los cambios en la ciencia médica y las expectativas sociales. Esta evolución es esencial para garantizar que la responsabilidad médica se aplique de manera justa y adecuada en el contexto contemporáneo.

EL *pruebas de bolam*, establecido en el caso *Bolam contra el Comité de Gestión del Hospital Friern*, ilustra cómo se han interpretado tradicionalmente los estándares de atención basados en prácticas aceptadas por la comunidad médica. Según esta prueba, un médico no puede ser considerado negligente si sus acciones están de acuerdo con una práctica aceptada de un cuerpo médico responsable. Este principio otorgaba un cierto nivel de protección a los profesionales de la salud, siempre que sus decisiones estuvieran respaldadas por una opinión médica acreditada.

Sin embargo, la aplicación de la prueba de Bolam, aunque relevante, no es suficiente para captar todos los matices de la práctica médica moderna, especialmente en lo que respecta a la individualidad de los pacientes y sus necesidades específicas. Casos como *Montgomery contra la Junta de Salud de Lanarkshire* señalan un cambio importante en esta comprensión, sugiriendo que los estándares de atención no solo deben basarse en las prácticas profesionales predominantes, sino que también deben considerar la singularidad de cada paciente. La decisión en *montgomery* destacó que el consentimiento informado debe ir más allá de un enfoque generalista, incorporando análisis personalizados que respeten la autonomía y las preferencias de los pacientes.

Esta evolución jurisprudencial refleja un cambio hacia una práctica médica más centrada en el paciente, donde la responsabilidad de los médicos no se limita a seguir prácticas aceptadas, sino que también incluye la obligación de informar e involucrar al paciente en las decisiones sanitarias. Este enfoque más moderno reconoce que los pacientes no son simplemente receptores pasivos de atención médica, sino participantes activos a quienes se deben tener en cuenta sus circunstancias y valores personales al tomar decisiones sobre su tratamiento.

Por lo tanto, la jurisprudencia sugiere que las normas sobre negligencia deben ser dinámicas y adaptarse a los cambios en la ciencia médica y las expectativas de la sociedad. Si bien la prueba de Bolam sigue siendo una herramienta útil para evaluar el cumplimiento de las prácticas médicas establecidas, casos como el *montgomery* muestran que estos estándares también deben evolucionar para incluir un enfoque más humanizado y centrado en el paciente. Esta evolución es fundamental para garantizar que la práctica médica no sólo respete las normas técnicas, sino también los derechos y la dignidad de los pacientes, alineándose con los principios éticos y legales que rigen la medicina moderna.

Importancia del contexto histórico

el caso *Roe contra el Ministro de Salud* sirve como un claro ejemplo de la importancia de considerar el contexto histórico al evaluar la negligencia médica. La medicina, como ciencia en constante evolución, está sujeta a cambios continuos en los estándares de atención y las prácticas aceptadas. Lo que en un momento dado se considera un tratamiento adecuado o una precaución necesaria puede revisarse completamente a la luz de los nuevos conocimientos y avances tecnológicos. Por lo tanto, es esencial que la responsabilidad médica se juzgue con base en el conocimiento disponible y las prácticas aceptadas en el momento en que ocurrió el evento.

No caso *Hueva*, los pacientes quedaron paralizados después de recibir anestesia contaminada con fenol, una sustancia utilizada para esterilizar viales de vidrio que, en ese momento, no se sabía que causara este tipo de contaminación. El tribunal concluyó que, dado que el riesgo no era previsible con los conocimientos médicos disponibles en ese momento, no se podía considerar negligentes al hospital y a los médicos. Esta decisión resalta la necesidad de contextualizar la evaluación de la conducta médica dentro de los límites y capacidades de la ciencia de su tiempo, evitando juicios anacrónicos que aplicarían retroactivamente estándares de atención desarrollados posteriormente.

Reconocer las limitaciones y el estado de la ciencia médica en el momento de los hechos es crucial para una evaluación justa de la responsabilidad médica. A medida que avanza la medicina, se desarrollan nuevas técnicas, medicamentos y protocolos de tratamiento que pueden redefinir lo que se considera el estándar de atención. Sin embargo, es injusto y legalmente inapropiado juzgar a los profesionales de la salud por no seguir prácticas o precauciones que aún no eran conocidas o ampliamente aceptadas.

el caso *Hueva* destaca la importancia de juzgar la conducta médica con sensibilidad al contexto histórico, reconociendo que los profesionales de la salud actúan dentro de los límites del conocimiento disponible en ese momento. Esto también refuerza la necesidad de un enfoque dinámico y adaptativo en la jurisprudencia médica, donde la evolución del conocimiento científico se tenga en cuenta en la evaluación de la responsabilidad. En definitiva, al considerar el contexto histórico, el ordenamiento jurídico asegura que los juicios sobre negligencia médica sean equilibrados, justos y alineados con la realidad científica de la época, respetando tanto los límites de la medicina como la integridad de los profesionales que la practican.

Estas lecciones resaltan la necesidad de una práctica médica que no sólo se adhiera a los estándares legales sino que también evolucione de acuerdo con los avances científicos y las expectativas sociales cambiantes. La jurisprudencia internacional sirve como guía para comprender cómo los sistemas legales pueden y deben responder a estos cambios, garantizando que la práctica médica siga siendo segura, ética y legalmente responsable.

CAPÍTULO 5: PREVENCIÓN DE DISPUTAS Y MITIGACIÓN DE RIESGOS

Estrategias globales de prevención

Prevenir litigios en la práctica médica es una preocupación central para los profesionales de la salud y las instituciones en las que operan. Elaborar políticas y prácticas eficaces para minimizar los riesgos de litigios es esencial no sólo para proteger a los profesionales, sino también para garantizar la seguridad y el bienestar de los pacientes. En un contexto global, estas estrategias pueden variar significativamente, reflejando diferencias culturales, legales y de infraestructura entre países.

Protocolos de Seguridad y Calidad en Servicio

Uno de los pilares fundamentales para prevenir litigios en la práctica médica es la implementación de estrictos protocolos de seguridad y calidad en la atención al paciente. Estos protocolos desempeñan un papel crucial a la hora de minimizar los errores médicos, protegiendo tanto a los pacientes como a los profesionales sanitarios de incidentes que podrían dar lugar a demandas. Al estandarizar las prácticas y garantizar que la atención se brinde de acuerdo con los más altos estándares de seguridad, estos protocolos contribuyen significativamente a reducir el riesgo y promover un entorno de atención médica más seguro y confiable.

Un ejemplo notable es la adopción de listas de verificación quirúrgica, como la "Lista de verificación de seguridad quirúrgica" desarrollada por la Organización Mundial de la Salud (OMS). Esta lista de verificación fue diseñada para usarse en todas las fases de un procedimiento quirúrgico, asegurando que se sigan sistemáticamente los pasos esenciales, desde la preparación del paciente hasta los cuidados postoperatorios. Se ha demostrado que el uso de listas de verificación como esta reduce significativamente la aparición de errores, como la cirugía en el lugar incorrecto o la retención de objetos quirúrgicos dentro del paciente, que son causas comunes de disputas médicas.

Además de las listas de verificación, la implementación de sistemas de monitoreo de eventos adversos también es esencial para prevenir litigios. Estos sistemas permiten la identificación temprana de complicaciones y fallas en la atención, facilitando una rápida intervención y corrección de los problemas antes de que causen daños graves a los pacientes. El análisis de eventos adversos, cuando está bien estructurado, también proporciona datos valiosos para la mejora continua de los procesos y prácticas clínicas, ayudando a evitar repetir los mismos errores en el futuro.

La estandarización de estos procesos, combinada con una sólida cultura de seguridad dentro de las instituciones de atención médica, crea un entorno donde se minimiza la probabilidad de errores. Esto no sólo mejora los resultados clínicos de los pacientes, sino que también reduce significativamente el riesgo de litigios al proteger a los profesionales sanitarios de acusaciones de negligencia. Cuando se siguen consistentemente las mejores prácticas, los pacientes tienen una mayor confianza en la atención que reciben y los profesionales de la salud tienen la tranquilidad de saber que están actuando de acuerdo con las pautas más actuales y efectivas.

Consentimiento informado adecuado

El consentimiento informado es una práctica fundamental en la medicina moderna, no sólo como un derecho inalienable de los pacientes, sino también como una herramienta crucial para la protección legal de los profesionales de la salud. Garantizar que los pacientes comprendan plenamente los riesgos, beneficios y alternativas de los tratamientos propuestos es esencial para evitar malentendidos que podrían dar lugar a quejas o disputas legales. Bien implementado, el consentimiento informado protege tanto al paciente, al garantizar que sus decisiones se toman de forma consciente y autónoma, como al profesional sanitario, al proporcionarle una sólida defensa en casos de litigio.

Diferentes países tienen regulaciones específicas sobre cómo se debe obtener y documentar el consentimiento informado, lo que refleja variaciones culturales y legales en torno a la autonomía del paciente y la práctica médica. En muchas jurisdicciones, el consentimiento informado debe estar claramente documentado, con registros que detallen las conversaciones entre el médico y el paciente, incluidas explicaciones de los riesgos potenciales y las opciones de tratamiento. Esta documentación es vital ya que sirve como evidencia de que el paciente fue informado adecuadamente y que su decisión fue voluntaria y basada en información precisa.

Además, las regulaciones a menudo establecen requisitos sobre cómo se debe obtener el consentimiento, enfatizando que debe estar libre de coerción y que se debe dar al paciente tiempo suficiente para considerar sus opciones. En situaciones en las que el paciente no tiene plena capacidad para comprender información –debido a la edad, condiciones mentales u otras limitaciones– la ley generalmente exige que un representante legal o un familiar autorizado participe en el proceso de consentimiento.

Para los profesionales de la salud, estar familiarizados con los requisitos específicos de consentimiento informado en su jurisdicción es esencial para evitar futuras disputas legales. Esto incluye no sólo comprender los procedimientos formales para obtener el consentimiento, sino también la capacidad de comunicar información compleja de una manera clara y accesible, adaptando el lenguaje y el enfoque a las necesidades individuales de cada paciente.

En un entorno médico cada vez más regulado, el consentimiento informado se ha convertido en una parte integral de la práctica diaria, no solo como una formalidad legal, sino como una práctica ética que respeta la autonomía del paciente y fortalece la relación de confianza entre médico y paciente. Al garantizar que el consentimiento informado se obtenga y documente adecuadamente de acuerdo con los estándares actuales, los profesionales de la salud pueden minimizar el riesgo de litigios, protegiéndose contra acusaciones de negligencia o falta de comunicación. Así, el consentimiento informado actúa como escudo legal, promoviendo una práctica médica más transparente, ética y segura para todos los involucrados.

Comunicación clara y efectiva

La comunicación eficaz entre los profesionales sanitarios y los pacientes es una estrategia fundamental para prevenir litigios y promover una práctica médica más segura y satisfactoria. Varios estudios indican que una parte importante de las demandas de atención médica podrían evitarse si los pacientes percibieran que sus médicos fueran accesibles, transparentes y estuvieran dispuestos a discutir abiertamente tanto la atención como los posibles errores que podrían ocurrir. Por otro lado, la falta de comunicación o la comunicación inadecuada a menudo se citan como una de las principales causas de la insatisfacción del paciente y de las acciones legales posteriores.

Adoptar una comunicación abierta y empática puede reducir considerablemente el riesgo de litigio. Cuando los pacientes se sienten escuchados y comprendidos, y cuando sus inquietudes se abordan de forma clara y respetuosa, se fortalece la confianza en la relación médico-paciente. Esto no sólo mejora la satisfacción del paciente, sino que también puede disipar el resentimiento que, de otro modo, podría dar lugar a quejas o demandas formales.

La comunicación eficaz implica algo más que transmitir información clínica; requiere un enfoque que considere las emociones, preocupaciones y expectativas de los pacientes. Los profesionales sanitarios deben ser proactivos a la hora de explicar diagnósticos, tratamientos, riesgos y alternativas de forma que el paciente pueda entenderlos, sin términos técnicos confusos ni ambigüedades.

Además, es esencial crear un ambiente donde los pacientes se sientan cómodos haciendo preguntas, expresando inquietudes y discutiendo cualquier aspecto de su atención, incluidos los posibles errores o complicaciones que puedan surgir.

Cuando ocurren errores, la transparencia es crucial. Los estudios muestran que es más probable que los pacientes acepten disculpas y menos probabilidades de buscar reparación legal si el error se reconoce con prontitud, acompañado de una explicación clara y honesta de lo sucedido, así como de los pasos que se tomarán para corregir la situación y prevenir. ocurrencias. los futuros. Esta práctica, conocida como "divulgación abierta", se reconoce cada vez más como una forma eficaz de mitigar el impacto de los errores médicos y mantener la confianza del paciente.

Además de reducir el riesgo de litigios, una comunicación eficaz y empática mejora significativamente la relación médico-paciente, que es fundamental para la calidad de la atención. Los pacientes que confían en sus médicos tienen más probabilidades de seguir las recomendaciones de tratamiento, compartir información importante sobre su salud y participar activamente en el proceso de toma de decisiones. Esto, a su vez, puede conducir a mejores resultados clínicos y a un entorno de atención más colaborativo y armonioso.

Programas de gestión de riesgos

Las instituciones sanitarias de todo el mundo están implementando cada vez más programas de gestión de riesgos como estrategia central para identificar, analizar y mitigar problemas potenciales antes de que se conviertan en problemas legales. Estos programas están diseñados para crear una cultura de seguridad y prevención, donde los posibles riesgos se abordan de manera proactiva, minimizando así la ocurrencia de incidentes que podrían resultar en daños a los pacientes y, en consecuencia, litigios.

Los programas de gestión de riesgos incluyen una variedad de prácticas y procedimientos diseñados para detectar y resolver problemas potenciales en el entorno hospitalario. Las auditorías periódicas son una de esas prácticas, que permiten a las instituciones de atención médica evaluar continuamente sus operaciones, identificar áreas de vulnerabilidad y realizar los ajustes necesarios para mejorar la seguridad del paciente. Estas auditorías pueden abarcar desde el cumplimiento de protocolos médicos hasta la adecuación de las instalaciones y el correcto uso de los equipos.

Otro componente vital de estos programas es la revisión de incidentes críticos, que implica un análisis detallado de cualquier evento adverso o cuasi incidente que ocurra dentro de la institución. Al revisar estos incidentes, las instituciones pueden identificar las causas subyacentes de los errores e implementar cambios que eviten que se repitan. Esta práctica no sólo mejora la seguridad del paciente, sino que también demuestra un compromiso con la transparencia y la mejora continua, que puede ser decisiva para mitigar los riesgos legales.

Además, desarrollar políticas específicas para áreas de alto riesgo, como errores de medicación e infecciones hospitalarias, es fundamental para una gestión de riesgos eficaz. Estas políticas suelen incluir directrices detalladas para la administración segura de medicamentos, procedimientos rigurosos de higiene y esterilización y educación continua de los profesionales de la salud sobre las mejores prácticas. La implementación de protocolos estandarizados en estas áreas ayuda a reducir la aparición de errores y mejorar los resultados clínicos, protegiendo así a las instituciones de posibles acciones legales.

Por lo tanto, la proactividad en la gestión de riesgos es una herramienta poderosa para reducir los litigios. Al anticipar y abordar los problemas potenciales antes de que resulten perjudiciales, las instituciones sanitarias no sólo protegen a los pacientes sino que también fortalecen su posición jurídica. La gestión eficaz de riesgos contribuye a un entorno de atención más seguro y confiable donde la prevención de errores es una prioridad constante. Esto, a su vez, reduce la probabilidad de demandas y promueve la confianza entre los pacientes, los profesionales sanitarios y la administración del hospital.

Papel del seguro de responsabilidad profesional

El seguro de responsabilidad profesional juega un papel crucial en la mitigación de los riesgos financieros asociados con los litigios

médicos. Estas pólizas de seguro
protegen a los profesionales de la
salud contra pérdidas financieras
resultantes de demandas relacionadas
con errores médicos, negligencia y
otras fallas en el desempeño de sus
funciones.

Cobertura de Costas e Indemnizaciones Legales

La función principal del seguro de
responsabilidad profesional es
proporcionar cobertura financiera para
los costos legales y las compensaciones
que puedan imponerse a los
profesionales de la salud en casos de
litigio. Estos seguros son
especialmente relevantes en un contexto
donde la práctica médica implica
riesgos importantes, y donde los
profesionales pueden verse sujetos a
acciones legales por acusaciones de
negligencia o errores en la atención.
La protección que ofrecen estos seguros
es vital para garantizar que los
profesionales sanitarios puedan
afrontar procedimientos judiciales sin
comprometer gravemente su estabilidad
financiera ni la continuidad de su
carrera.

En muchos países, la contratación de un
seguro de responsabilidad profesional

es obligatoria para los profesionales sanitarios que operan en zonas de alto riesgo, como cirujanos, anestesistas y otros especialistas que se ocupan de procedimientos complejos y potencialmente peligrosos. Estos profesionales están particularmente expuestos a litigios, dado el carácter crítico de sus funciones y las consecuencias que un error médico puede tener para los pacientes. El seguro de responsabilidad profesional actúa como una red de seguridad, cubriendo los gastos legales, los costos de defensa y cualquier compensación que puedan determinar los tribunales.

Además de brindar seguridad económica, esta cobertura permite a los profesionales sanitarios seguir ejerciendo su profesión con mayor tranquilidad, incluso ante acusaciones judiciales. Saber que está protegido por un seguro de responsabilidad profesional puede reducir la ansiedad relacionada con la posibilidad de un litigio y permitir que los médicos y otros profesionales de la salud se concentren en brindar atención de alta calidad sin el temor constante de consecuencias financieras devastadoras en caso de un litigio.

Otro aspecto importante del seguro de responsabilidad profesional es que no sólo beneficia a los profesionales sanitarios, sino también a las instituciones en las que trabajan. En entornos hospitalarios o clínicos, tener una cobertura adecuada ayuda a proteger la reputación de la institución, asegurando que los casos legales se manejen con recursos suficientes y minimizando el impacto financiero de los litigios.

Fomentar la mejora de las prácticas clínicas

Además de la protección financiera, el seguro de responsabilidad profesional desempeña un papel importante a la hora de fomentar la mejora continua en las prácticas clínicas. Las aseguradoras, conscientes de la importancia de minimizar los riesgos clínicos para reducir la frecuencia y gravedad de los siniestros, suelen establecer requisitos para que los profesionales de la salud participen en programas de educación continua, capacitación y gestión de riesgos como condición para renovar sus pólizas. . Estos programas están diseñados para actualizar a los proveedores sobre las mejores prácticas, nuevas tecnologías y cambios en los protocolos de atención, así como para abordar cuestiones de seguridad y prevención de errores médicos.

Al exigir que los profesionales participen en dichos programas, las aseguradoras no sólo protegen sus propios intereses sino que también promueven un círculo virtuoso en la práctica médica. La educación y capacitación continua en gestión de riesgos conduce a la adopción de prácticas más seguras y eficientes, lo que, a su vez, contribuye a la reducción de incidentes adversos y, en consecuencia, litigios. Al reducir los riesgos asociados con la práctica clínica, las aseguradoras pueden ofrecer primas de seguro más bajas, beneficiando financieramente a los profesionales de la salud que demuestran un compromiso con la excelencia y la seguridad en la atención.

Este ciclo de mejora continua se traduce en un doble beneficio: los profesionales sanitarios se vuelven más competentes y preparados para afrontar los retos del entorno clínico, y los pacientes reciben una atención de mayor calidad, con menos posibilidades de complicaciones o errores. Además, la participación en programas de gestión de riesgos refuerza la cultura de seguridad dentro de las instituciones de salud, promoviendo un ambiente donde todos los profesionales están alineados con las mejores prácticas y comprometidos con la prevención de daños a los pacientes.

Por lo tanto, el seguro de responsabilidad profesional va más allá de simplemente brindar protección financiera contra litigios; también actúan como catalizador para la mejora constante de las prácticas clínicas. Al establecer estándares para la educación y la gestión de riesgos, las aseguradoras contribuyen a construir un sistema de salud más seguro, más eficiente y orientado a la calidad, beneficiando tanto a los profesionales de la salud como a los pacientes. Este enfoque integrado fortalece la confianza en el sistema de salud y garantiza que la práctica médica esté siempre evolucionando, adaptándose a las nuevas demandas y desafíos de la medicina moderna.

Variaciones regionales en las pólizas de seguro

Las pólizas de seguro de responsabilidad profesional pueden variar significativamente entre diferentes países, lo que refleja las particularidades de los sistemas legales locales y las prácticas de litigios asociados con la atención médica. En países como Estados Unidos, donde el número de demandas por negligencia médica es relativamente alto, las pólizas de seguro tienden a ser más caras y completas. Este alto costo refleja el considerable riesgo de litigio y los altos pagos que a menudo se asocian con tales casos. Las pólizas en este contexto generalmente brindan una cobertura amplia, que incluye costos legales, indemnizaciones sustanciales y protección contra una amplia gama de riesgos, desde acusaciones de negligencia hasta errores médicos catastróficos.

Por el contrario, en países con sistemas legales menos propensos a litigios, las pólizas de seguro de responsabilidad profesional pueden ser más asequibles pero a menudo ofrecen una cobertura más limitada. En estos lugares, el riesgo percibido de litigio es menor y las políticas están diseñadas para reflejar esta realidad, con límites de cobertura que pueden ser suficientes según los estándares locales, pero que no serían apropiados en sistemas más litigiosos. El enfoque de los seguros en estos países tiende a ser más conservador, centrándose en proteger a los profesionales de la salud contra los riesgos más comunes, pero sin necesariamente brindar la misma amplitud de protección que se encuentra en mercados como el norteamericano.

Dadas estas variaciones, es fundamental que los profesionales de la salud sean conscientes de las diferencias en las pólizas de seguro disponibles en su región y tomen decisiones informadas que satisfagan sus necesidades específicas. Esto incluye considerar el contexto legal, la cultura local con respecto a los litigios y las prácticas clínicas predominantes. Por ejemplo, un cirujano que opera en un entorno altamente especializado en un país con un historial de litigios frecuentes puede necesitar una póliza con una cobertura más amplia y límites elevados, mientras que un médico general en una región menos litigiosa puede sentirse seguro con una cobertura más básica.

Además, los profesionales de la salud deben considerar no sólo el costo de las pólizas, sino también cláusulas específicas, como exclusiones, deducibles y límites de cobertura, para asegurarse de estar totalmente protegidos contra los riesgos

inherentes a su práctica. Elegir una
póliza inadecuada puede dejar al
profesional expuesto a importantes
riesgos financieros en caso de litigio,
destacando la importancia de una
evaluación cuidadosa y personalizada de
las opciones de seguro.

Educación y formación continua

La educación y la formación continuas
son elementos clave para prevenir
litigios médicos. A medida que avanza
la medicina y se introducen nuevas
tecnologías y prácticas, es imperativo
que los profesionales de la salud se
mantengan actualizados para garantizar
la seguridad del paciente y el
cumplimiento de los estándares legales
y éticos.

Actualización sobre estándares y prácticas clínicas

La medicina es un campo en constante
evolución, caracterizado por continuos
avances en la investigación, nuevos
descubrimientos científicos y el
desarrollo de tecnologías innovadoras.
En este escenario dinámico, es
fundamental que los profesionales de la
salud se mantengan actualizados para
asegurar la aplicación de las mejores
prácticas clínicas y evitar errores que

puedan derivar en litigios. La participación en programas de educación continua es una herramienta fundamental para lograr este objetivo, equipando a los profesionales con el conocimiento necesario para mantenerse al día con los rápidos cambios en la medicina y brindar el más alto nivel de atención.

La educación continua abarca una variedad de actividades y recursos educativos, incluidos cursos de actualización en técnicas médicas, que permiten a los profesionales mejorar sus habilidades y aprender nuevas metodologías que se están adoptando en la práctica clínica. Además, estos programas a menudo abordan cambios en las pautas de tratamiento, asegurando que los proveedores conozcan las recomendaciones más recientes basadas en evidencia para el manejo de enfermedades y condiciones de salud.

Otro componente vital de la educación continua es la formación en nuevas tecnologías, que están transformando la forma en que se presta la atención sanitaria. Con la creciente adopción de tecnologías como la telemedicina y la inteligencia artificial, los profesionales de la salud deben estar preparados para integrar estas herramientas en su práctica diaria. La telemedicina, por ejemplo, ofrece nuevas formas de interacción entre médicos y pacientes, lo que requiere una comprensión de las plataformas digitales y de las consideraciones éticas y legales asociadas con la atención remota. De manera similar, la inteligencia artificial se utiliza cada vez más para ayudar en el diagnóstico, la planificación del tratamiento y el análisis de datos clínicos, lo que requiere que los profesionales de la salud comprendan cómo funcionan estas tecnologías y cómo se pueden aplicar de forma segura y eficaz. .

Además de mejorar la calidad de la atención, la educación continua juega un papel crucial en la mitigación de los riesgos legales. Los profesionales bien informados y capacitados tienen menos probabilidades de cometer errores que puedan dar lugar a litigios y están mejor preparados para justificar sus decisiones clínicas basándose en las mejores prácticas y la evidencia científica más actual. Esto no sólo protege a los pacientes, sino que también refuerza la defensa de los profesionales sanitarios en caso de litigios legales.

Formación en comunicación y gestión de conflictos

Como se mencionó anteriormente, la comunicación efectiva es un componente esencial para prevenir litigios en la práctica médica. Para fortalecer esta habilidad vital, los programas de capacitación que se centran en la comunicación y la gestión de conflictos son especialmente valiosos para los profesionales de la salud. Estos programas no solo permiten a los profesionales lidiar con situaciones complejas y cargadas de emociones, como dar malas noticias o gestionar expectativas poco realistas de los pacientes, sino que también mejoran sus habilidades de escucha activa y empatía, que son clave para construir y mantener una relación de confianza con los pacientes.

Dar malas noticias, por ejemplo, es una tarea desafiante que requiere sensibilidad, claridad y compasión. La capacitación específica en esta área puede ayudar a los profesionales de la salud a abordar estas conversaciones difíciles de una manera que minimice el shock y la angustia del paciente y, al mismo tiempo, garantice que la información se transmita de manera honesta y comprensible. Este tipo de formación también prepara a los profesionales para responder adecuadamente a las reacciones emocionales de los pacientes y sus familias, fortaleciendo la alianza terapéutica incluso en momentos de crisis.

Además, la gestión de las expectativas es un área crítica donde la comunicación eficaz puede evitar malentendidos que a menudo conducen a la insatisfacción y, eventualmente, a litigios. La formación en gestión de expectativas enseña a los profesionales a establecer claramente los posibles resultados de los tratamientos, los riesgos involucrados y las limitaciones de las intervenciones médicas. Al alinear las expectativas de los pacientes con las realidades clínicas, los proveedores reducen la probabilidad de decepciones que podrían dar lugar a quejas formales o acciones legales.

Otro aspecto valioso de la capacitación en comunicaciones es la práctica de técnicas de mediación, que pueden usarse para resolver disputas antes de que se conviertan en litigios. La mediación proporciona un entorno donde los conflictos pueden abordarse de manera colaborativa y constructiva, permitiendo a las partes involucradas discutir sus preocupaciones y llegar a una resolución mutua sin recurrir al sistema judicial. Este enfoque no sólo ahorra tiempo y recursos, sino que también preserva la relación entre el profesional sanitario y el paciente, que puede verse irreparablemente dañada por un litigio.

Implementación de Protocolos de Seguridad

La capacitación continua en protocolos de seguridad es fundamental para garantizar que todos los miembros del equipo de atención médica estén en sintonía con las mejores prácticas de atención al paciente. Esta alineación es crucial en un entorno médico donde la precisión, la comunicación efectiva y el estricto cumplimiento de los estándares pueden marcar la diferencia entre una atención segura y un error grave. Los programas de capacitación regulares ayudan a reforzar estos estándares al mantener al personal actualizado sobre los procedimientos más efectivos y las nuevas pautas que surgen a medida que avanza la ciencia médica.

Una parte esencial de esta formación incluye la prevención de infecciones, uno de los mayores desafíos en cualquier institución sanitaria. La capacitación periódica garantiza que todos los profesionales de la salud, desde médicos y enfermeras hasta el personal de apoyo, comprendan la importancia de prácticas de higiene rigurosas, como el lavado de manos adecuado, la esterilización de equipos y el uso correcto de equipos de protección personal. La adopción constante de estas prácticas es fundamental para prevenir infecciones hospitalarias, que no sólo comprometen la salud del paciente, sino que también exponen a la institución a posibles litigios.

Otro aspecto crítico de la capacitación continua es la administración segura de medicamentos. Los errores de medicación, como dosis incorrectas o la administración del medicamento incorrecto, son una fuente común de litigios en el sector sanitario. Los programas de capacitación que refuerzan la importancia de los procedimientos estandarizados, como la verificación cruzada de medicamentos y la revisión de recetas, ayudan a minimizar estos riesgos. Además, la capacitación debe incluir el uso de tecnologías de apoyo, como sistemas de prescripción computarizados, que pueden reducir la incidencia de errores humanos.

Los procedimientos de emergencia son otra área donde la capacitación

continua es vital. Las situaciones de
emergencia requieren una respuesta
rápida y coordinada, y todos los
miembros del equipo sanitario deben
estar preparados para actuar de acuerdo
con los protocolos establecidos. La
formación periódica, incluidas las
simulaciones de emergencia, garantiza
que todos sepan exactamente qué hacer
en caso de crisis como un paro
cardíaco, una hemorragia grave o una
reacción alérgica aguda. Esta
preparación no sólo salva vidas, sino
que también reduce la probabilidad de
errores que podrían provocar
complicaciones para los pacientes y
acciones legales posteriores.

Por lo tanto, la educación y la
formación continuas no sólo mejoran la
competencia técnica de los
profesionales sanitarios, sino que
también desempeñan un papel crucial en
la reducción de riesgos y la prevención
de litigios. Las instituciones de salud
que invierten en la formación continua
de sus profesionales están mejor
preparadas para afrontar los desafíos
legales y éticos de la práctica médica
moderna.

CAPÍTULO 6: TECNOLOGÍA E INNOVACIONES EN REGULACIÓN MÉDICA

Impacto de la tecnología en la práctica médica

En los últimos años, la práctica médica se ha visto profundamente transformada por innovaciones tecnológicas que están redefiniendo el alcance y la naturaleza de la atención sanitaria. Entre las innovaciones más importantes se encuentran la telemedicina y la inteligencia artificial (IA), las cuales tienen el potencial de revolucionar la forma en que se prestan los servicios de atención médica, mejorando el acceso, la precisión y la eficiencia de la atención.

Telemedicina

La telemedicina, que se refiere al uso de tecnologías de comunicación para brindar atención médica de forma remota, ha ganado una importancia significativa durante la pandemia de COVID-19, un período en el que la necesidad de minimizar el contacto físico ha impulsado la adopción generalizada de consultas remotas. Esta práctica permitió la continuidad de la atención médica en un momento de crisis global, demostrando su efectividad y viabilidad como alternativa al modelo tradicional de consultas presenciales.

Una de las principales ventajas de la telemedicina es la capacidad de ampliar el acceso a la atención médica, especialmente para pacientes en áreas remotas o desatendidas. En regiones donde el acceso a especialistas es limitado, la telemedicina rompe las barreras geográficas, permitiendo a los pacientes recibir diagnósticos y tratamientos de médicos altamente calificados sin la necesidad de viajes largos y costosos. Esto no sólo mejora la equidad en el acceso a la atención sanitaria, sino que también puede conducir a diagnósticos e intervenciones más tempranas, lo que potencialmente salvará vidas.

Además, la telemedicina ha facilitado el seguimiento continuo de pacientes con enfermedades crónicas, gracias al uso de dispositivos conectados, como los wearables, que transmiten datos en tiempo real a los médicos. Estos dispositivos, que pueden monitorizar parámetros como la frecuencia cardíaca, la presión arterial, los niveles de glucosa y la actividad física, permiten un seguimiento constante y más detallado de la salud del paciente. Con esta información, los médicos pueden

ajustar los tratamientos con mayor
precisión y en tiempo real, previniendo
complicaciones y mejorando el manejo de
enfermedades crónicas.

Esta evolución está transformando el
modelo tradicional de atención médica,
pasando de un enfoque reactivo, donde
la atención a menudo se brinda después
de que surgen síntomas o
complicaciones, a una medicina más
proactiva y centrada en el paciente. La
telemedicina permite intervenciones más
rápidas y personalizadas, lo que
permite a los pacientes recibir
atención continua y preventiva, en
lugar de tratamientos únicos. Además,
promueve una mayor participación de los
pacientes en su propia atención, con un
acceso más fácil a la información y
comunicación directa con sus médicos,
lo que puede mejorar la adherencia al
tratamiento y los resultados de salud.

En resumen, la telemedicina representa
un cambio significativo en el modelo
sanitario, aportando un enfoque más
accesible, eficiente y centrado en el
paciente. A medida que la tecnología
continúa evolucionando, es probable que
la telemedicina se convierta en una
parte aún más integrada del sistema de
salud, ofreciendo nuevas oportunidades
para mejorar el acceso y la calidad de

la atención mientras continúa adaptándose a las necesidades de los pacientes en un mundo cada vez más conectado.

Inteligencia artificial

La inteligencia artificial (IA) se está convirtiendo en una herramienta cada vez más influyente en la medicina, revolucionando todo, desde el diagnóstico por imágenes hasta la personalización del tratamiento. Los algoritmos de aprendizaje automático, uno de los principales aspectos de la IA, son capaces de analizar grandes volúmenes de datos médicos a una velocidad y precisión que superan la capacidad humana. Estos algoritmos pueden identificar patrones sutiles y complejos en los datos que a menudo pasarían desapercibidos para los médicos, ayudando en el diagnóstico temprano de enfermedades como el cáncer, donde la detección en etapas tempranas es crucial para un tratamiento exitoso.

En el campo del diagnóstico por imágenes, la IA ya está demostrando su valor en la interpretación de exámenes radiológicos, como tomografías computarizadas y resonancias magnéticas, con un nivel de precisión que puede igualar o incluso superar el de los expertos humanos. Al detectar anomalías en imágenes médicas, estos sistemas no solo aumentan la eficiencia de los procesos de diagnóstico, sino que también ayudan a reducir la carga de trabajo de los radiólogos, permitiéndoles centrarse en casos más complejos y tomar decisiones clínicas críticas.

Además del diagnóstico, la inteligencia artificial está jugando un papel vital en la personalización de los tratamientos, especialmente en áreas como la oncología. Con la llegada de la medicina de precisión, la IA puede analizar el perfil genético individual de un paciente, combinándolo con amplias bases de datos de tratamientos y respuestas terapéuticas anteriores. Este análisis permite crear terapias personalizadas que mejor se adapten a las características genéticas y biológicas del paciente, aumentando significativamente las posibilidades de éxito del tratamiento y minimizando los efectos secundarios.

La predicción de brotes de enfermedades infecciosas es otra área donde la IA está mostrando su potencial. Al analizar datos de diversas fuentes, como registros médicos, redes sociales e incluso datos ambientales, los algoritmos de IA pueden predecir con precisión la aparición de epidemias, lo que permite a las autoridades sanitarias tomar medidas preventivas más rápidamente. Esta capacidad de predecir y responder a las crisis de salud pública es un paso importante hacia la mejora de la resiliencia de los sistemas de salud frente a las amenazas emergentes.

En resumen, la inteligencia artificial está redefiniendo la práctica médica, ofreciendo nuevas formas de diagnosticar, tratar e incluso predecir enfermedades con una precisión sin precedentes. A medida que la tecnología continúa avanzando, la integración de la IA en la medicina promete mejorar la calidad de la atención médica, personalizar los tratamientos de manera más efectiva y brindar mejores resultados a los pacientes. El uso cada vez mayor de la IA en la medicina no sólo impulsa la innovación, sino que también sitúa la personalización y la eficiencia en el centro de la práctica clínica moderna.

Estas tecnologías, si bien ofrecen una promesa sustancial para mejorar la calidad de la atención sanitaria, también plantean cuestiones complejas y significativas sobre la regulación, la privacidad y la seguridad. A medida que la inteligencia artificial, la telemedicina y otras innovaciones tecnológicas continúan expandiéndose en el campo de la medicina, es imperativo que las regulaciones sigan el ritmo de esta rápida evolución para garantizar que estas innovaciones se integren de manera segura y efectiva en la práctica médica.

La regulación de estas tecnologías debe abordar varias dimensiones críticas. En primer lugar, es necesario establecer estándares claros y coherentes para la validación y el uso clínico de estas tecnologías. Por ejemplo, los algoritmos de IA que ayudan en los diagnósticos médicos deben ser probados y aprobados rigurosamente por los organismos reguladores para garantizar que sus decisiones sean precisas y confiables, y que no introduzcan sesgos que puedan comprometer la equidad en la atención.

Además, la privacidad del paciente es una preocupación central, especialmente considerando la cantidad de datos personales y sensibles que estas tecnologías recopilan y procesan. El uso de la IA y otras tecnologías digitales en la atención sanitaria implica el manejo de grandes volúmenes de datos, incluida información genética y de salud conductual, que es altamente confidencial. Se necesitan regulaciones sólidas para proteger estos datos del acceso no autorizado y garantizar que los pacientes tengan control sobre cómo se utiliza y comparte su información.

La seguridad también es un aspecto crítico, particularmente en lo que respecta a la confiabilidad de las tecnologías y la protección contra ciberataques. Con la creciente interconectividad de los sistemas de salud y la digitalización de los registros médicos, existe un riesgo cada vez mayor de violaciones de seguridad que pueden comprometer no solo los datos sino también la integridad de los tratamientos médicos. Las regulaciones deben exigir que las tecnologías de salud digital incorporen medidas rigurosas de ciberseguridad desde su diseño, asegurando que las plataformas y dispositivos sean resistentes a intrusiones y fallas sistémicas.

Finalmente, la rápida evolución de estas tecnologías requiere una adaptación ágil de la normativa. Las autoridades reguladoras deben estar preparadas para revisar y actualizar sus directrices de forma continua para seguir el ritmo de las innovaciones tecnológicas y los desafíos emergentes. Este enfoque dinámico es esencial para equilibrar la promoción de la innovación con la protección de la seguridad y los derechos del paciente.

Desafíos regulatorios de la innovación

La introducción de nuevas tecnologías en medicina trae consigo una serie de desafíos regulatorios. Las innovaciones tecnológicas como la telemedicina y la inteligencia artificial no encajan fácilmente en los marcos regulatorios existentes, lo que requiere una reevaluación de los estándares para garantizar que estas tecnologías sean seguras, efectivas y equitativas.

Privacidad y seguridad de datos

Uno de los principales desafíos en la integración de tecnologías como la telemedicina y la inteligencia artificial en la atención sanitaria es garantizar la privacidad y seguridad de los datos de los pacientes. Estas tecnologías dependen en gran medida de la recopilación, el procesamiento y el análisis de grandes volúmenes de datos de salud, que a menudo incluyen información personal y muy sensible. Esta mayor dependencia de los datos digitales aumenta significativamente el riesgo de violaciones de la privacidad, lo que destaca la necesidad de medidas sólidas para proteger la información del paciente del acceso no autorizado y el uso indebido.

Los reguladores de todo el mundo se enfrentan al difícil desafío de equilibrar la necesidad de proteger los datos de los pacientes con el inmenso potencial de estas tecnologías para revolucionar la atención sanitaria. La protección de datos es esencial no sólo para preservar la confianza de los pacientes, sino también para garantizar que los avances tecnológicos puedan utilizarse de forma ética y segura. Sin embargo, esta protección no debe sofocar la innovación; por el contrario, debería fomentar el desarrollo de tecnologías que incorporen la privacidad y la seguridad desde el principio.

La implementación del Reglamento General de Protección de Datos (GDPR) en la Unión Europea ejemplifica cómo están evolucionando las políticas para abordar estos desafíos. El RGPD impone restricciones estrictas al uso, almacenamiento y transferencia de datos personales, incluidos los datos de salud. Requiere que las organizaciones que recopilan y procesan datos garanticen la transparencia en sus prácticas, obtengan el consentimiento explícito de los pacientes para el uso de su información y adopten medidas técnicas y organizativas apropiadas para proteger estos datos contra violaciones.

Además, el RGPD introduce el concepto de "privacidad por diseño", que requiere que la protección de datos se incorpore desde las primeras etapas de desarrollo de tecnología y sistemas. Esto significa que cualquier innovación en telemedicina o IA debe considerar la privacidad de los datos como una prioridad clave, implementando mecanismos de seguridad sólidos y limitando la recopilación de datos al mínimo necesario para que la tecnología funcione.

Otro aspecto importante del RGPD es el derecho de las personas a acceder, corregir y, en algunos casos, eliminar sus datos personales, lo que refuerza el control de los pacientes sobre su información de salud. Estas disposiciones tienen como objetivo no solo proteger los datos, sino también fortalecer la confianza de los pacientes en las nuevas tecnologías al garantizar que tengan un papel activo en la gestión de su información.

Si bien el RGPD sirve como modelo para la protección de datos en muchas partes del mundo, los reguladores de diferentes países están desarrollando sus propios enfoques para abordar los desafíos específicos que presentan sus jurisdicciones. Esta adaptación es necesaria para hacer frente a las diferentes realidades tecnológicas, culturales y jurídicas de cada región, buscando al mismo tiempo armonizar los estándares globales de protección de datos.

Validación y eficacia

Otro desafío importante en la integración de tecnologías de inteligencia artificial (IA) en la medicina es validar estas herramientas antes de su uso clínico. Antes de que una herramienta de IA pueda aplicarse a la atención del paciente, debe someterse a pruebas y evaluaciones rigurosas para garantizar su precisión, confiabilidad y seguridad. Estos procesos son esenciales para garantizar que la IA pueda ofrecer resultados que sean al menos equivalentes a los estándares establecidos por los profesionales humanos, evitando la introducción de riesgos adicionales en la atención sanitaria.

Sin embargo, el rápido desarrollo de estas tecnologías a menudo supera la capacidad de los reguladores para realizar evaluaciones exhaustivas y detalladas. La velocidad a la que se desarrollan e implementan nuevas herramientas de IA puede dificultar la creación y aplicación de estándares regulatorios apropiados, lo que puede generar una brecha entre la innovación tecnológica y la regulación necesaria para proteger a los pacientes. Esta disparidad requiere que los organismos reguladores se adapten rápidamente, desarrollando nuevos marcos y directrices que puedan seguir el ritmo de la innovación sin comprometer la seguridad del paciente.

Además de las dificultades de validación, existen cuestiones complejas relacionadas con la transparencia de los algoritmos de IA, a menudo denominados "cajas negras". En muchos casos, las decisiones tomadas por los sistemas de IA no son fácilmente comprensibles para los usuarios humanos, incluidos los profesionales de la salud que dependen de estas herramientas para tomar decisiones clínicas. Esta falta de transparencia puede crear incertidumbre sobre cómo y por qué una IA llegó a una determinada conclusión, lo que dificulta la validación independiente y la plena confianza en la tecnología.

La naturaleza de "caja negra" de los algoritmos de IA plantea serias preocupaciones sobre la responsabilidad y la responsabilidad, especialmente en casos de errores médicos causados por fallas de la IA o decisiones incorrectas. Si se produce un error como resultado de una decisión automatizada tomada por una IA, resulta difícil asignar responsabilidad, ya sea al desarrollador de la tecnología, al proveedor del sistema o al profesional de la salud que utilizó la herramienta. Esta ambigüedad puede complicar la atribución de responsabilidad legal y la búsqueda de reparación para los pacientes afectados.

Para abordar estos desafíos, existe una demanda creciente de una mayor transparencia en los algoritmos de IA, con iniciativas centradas en la explicabilidad de las decisiones de IA. Esto implica desarrollar técnicas y modelos que permitan una mejor comprensión de cómo los sistemas de IA llegan a sus conclusiones, facilitando la validación por pares y aumentando la confianza de los profesionales sanitarios y los pacientes en la tecnología. Además, las regulaciones deben evolucionar para incluir criterios claros sobre la transparencia y la rendición de cuentas de las herramientas de inteligencia artificial, garantizando que los desarrolladores y usuarios de estas tecnologías puedan rendir cuentas de manera justa y efectiva en caso de fallas.

Acceso y equidad

La adopción de nuevas tecnologías en medicina, aunque prometedora, también puede acentuar las desigualdades en el acceso a la atención sanitaria. En muchas partes del mundo, el acceso a Internet o a dispositivos móviles es limitado, lo que puede impedir que ciertos grupos de población, especialmente en zonas rurales o países en desarrollo, se beneficien de avances como la telemedicina. Estos grupos, que ya enfrentan barreras importantes para acceder a atención médica de calidad, corren el riesgo de verse aún más marginados a medida que la práctica médica se vuelve cada vez más dependiente de las tecnologías digitales.

La telemedicina, por ejemplo, depende de una infraestructura tecnológica sólida, que incluya una conexión a Internet de alta velocidad y acceso a dispositivos como teléfonos inteligentes, tabletas u computadoras. En regiones donde estos recursos son escasos, la telemedicina puede resultar inaccesible para la población general, perpetuando o incluso ampliando las disparidades existentes en la atención sanitaria. Esta limitación no solo afecta el acceso a la atención inmediata, sino que también puede afectar negativamente el seguimiento continuo de los pacientes con enfermedades crónicas, quienes podrían beneficiarse de consultas remotas periódicas.

Además de las barreras tecnológicas, los altos costos asociados con el desarrollo y la implementación de tecnologías de IA también pueden llevar a su concentración en centros urbanos o países desarrollados, donde los recursos financieros y técnicos son más abundantes. Esto puede dejar a las regiones más pobres, tanto dentro como entre países, en una desventaja significativa. El desequilibrio en la distribución de estas tecnologías significa que las poblaciones de áreas menos favorecidas pueden no tener acceso a los mismos estándares de diagnóstico y tratamiento que se ofrecen en las regiones más ricas, lo que exacerba las desigualdades en salud global.

Estas disparidades son un desafío importante para los reguladores y formuladores de políticas, quienes deben considerar estos factores al desarrollar directrices para implementar nuevas tecnologías sanitarias. Es esencial que las políticas promuevan una distribución equitativa de las tecnologías, garantizando que las innovaciones en telemedicina e inteligencia artificial no solo estén disponibles para quienes ya tienen fácil acceso a la atención médica. Esto podría incluir la creación de incentivos para implementar estas tecnologías en áreas desfavorecidas, subsidiar los costos para las poblaciones vulnerables y garantizar que la infraestructura necesaria se desarrolle de manera inclusiva.

Los reguladores y formuladores de políticas también deben garantizar que las normas y directrices para implementar tecnologías sanitarias tengan en cuenta las necesidades específicas de las diferentes poblaciones. Esto puede implicar adaptar tecnologías para que funcionen en entornos con recursos limitados o desarrollar soluciones alternativas que puedan adoptarse más fácilmente en contextos de baja infraestructura.

Casos de regulación de tecnología sanitaria

La forma en que los diferentes países abordan la regulación de las tecnologías sanitarias emergentes varía ampliamente, lo que refleja diferencias en sus marcos legales, prioridades de salud pública y capacidades tecnológicas.

ciervo

En Estados Unidos, la Administración de Alimentos y Medicamentos (FDA) ha desempeñado un papel pionero en la regulación de dispositivos médicos basados en inteligencia artificial (IA). En 2019, la FDA marcó un hito importante al aprobar IDx-DR, la primera IA autónoma para diagnóstico médico, diseñada para detectar la retinopatía diabética a partir de imágenes de retina sin necesidad de intervención humana. Esta aprobación se otorgó luego de rigurosos estudios clínicos que demostraron la eficacia y seguridad del sistema, sentando un precedente importante para la integración de la IA en la práctica médica.

La decisión de aprobar IDx-DR se basó en un conjunto sólido de datos clínicos que demostraron que el sistema podía realizar diagnósticos precisos y confiables de retinopatía diabética, comparables a los realizados por expertos humanos. Este avance no solo ha reforzado la confianza en la capacidad de la IA para desempeñar funciones críticas en el diagnóstico médico, sino que también ha subrayado la importancia de una evaluación rigurosa y basada en evidencia antes de implementar dichas tecnologías en la práctica clínica.

Al reconocer el rápido avance de las tecnologías de inteligencia artificial y su impacto potencial en la medicina, la FDA continúa desarrollando pautas específicas para regular estas innovaciones. Entre las iniciativas más destacadas se encuentra la creación de un marco de precertificación para software como dispositivo médico (SaMD). Este marco tiene como objetivo acelerar el proceso de aprobación de tecnologías digitales innovadoras, al tiempo que garantiza que estas soluciones cumplan con los más altos estándares de seguridad y eficacia. El modelo de precertificación permite a las empresas con un historial comprobado de calidad y responsabilidad en el desarrollo de software lanzar nuevos productos al mercado más rápidamente, sin dejar de cumplir con estrictos requisitos regulatorios.

El marco de precertificación refleja el enfoque proactivo de la FDA para regular la IA en la medicina, buscando equilibrar la necesidad de una innovación rápida con la protección de los pacientes. La agencia entiende que la velocidad del desarrollo tecnológico puede superar los métodos de evaluación tradicionales y, por lo tanto, está adaptando sus procesos para garantizar que las innovaciones puedan incorporarse de manera segura y efectiva al sistema de salud.

Esta evolución en el papel de la FDA es esencial para afrontar los desafíos y aprovechar las oportunidades que presenta la IA en la medicina. Al establecer directrices claras y prácticas para la aprobación y regulación de tecnologías basadas en IA, la FDA está ayudando a crear un entorno donde estas innovaciones puedan florecer, mejorando la atención al paciente sin comprometer la seguridad o

la calidad de los diagnósticos y
tratamientos médicos.

unión Europea

La Unión Europea ha adoptado un enfoque
más cauteloso a la hora de regular los
dispositivos médicos, incluidos los que
utilizan inteligencia artificial (IA),
con la implementación del Reglamento de
Dispositivos Médicos (MDR), que entró
en vigor en 2021. El MDR establece
requisitos estrictos para la
certificación de dispositivos médicos,
exigiendo que los fabricantes presenten
pruebas sólidas de seguridad y
rendimiento clínico antes de que sus
productos puedan comercializarse. Este
reglamento está diseñado para
garantizar que todos los dispositivos
médicos, especialmente aquellos que
incorporan tecnologías emergentes como
la IA, sean evaluados minuciosamente
por su impacto en la salud de los
pacientes.

Además de los requisitos MDR, la Unión
Europea también impone restricciones
adicionales a través del Reglamento
General de Protección de Datos (GDPR),
que regula el procesamiento de datos
personales de salud. El RGPD establece
que el uso de la IA en contextos
clínicos debe controlarse

cuidadosamente para garantizar que la privacidad de los datos de los pacientes esté rigurosamente protegida. Esto incluye limitar el uso de la IA en situaciones en las que no se puede garantizar la seguridad de los datos, imponiendo restricciones significativas al procesamiento de información sensible, como datos de salud, sin el consentimiento explícito de las personas.

Este enfoque conservador adoptado por la Unión Europea tiene como objetivo principal proteger a los pacientes mientras se evalúan cuidadosamente las nuevas tecnologías. Al exigir evidencia científica rigurosa y establecer protecciones sólidas para la privacidad de los datos, el MDR y el GDPR juntos crean un entorno donde se prioriza la seguridad del paciente y la introducción de nuevas tecnologías se lleva a cabo de manera controlada y responsable. En algunos casos, esto puede retrasar la entrada de innovaciones al mercado europeo en comparación con otras regiones, pero busca garantizar que los beneficios de las nuevas tecnologías superen cualquier riesgo potencial.

La combinación de regulaciones como el MDR y el GDPR refleja el compromiso de la Unión Europea de adoptar una postura prudente hacia la integración de las tecnologías de IA en la medicina. Este enfoque equilibrado tiene como objetivo no sólo promover la innovación, sino también garantizar que esta innovación se implemente de una manera que respete los derechos de los pacientes y mantenga altos estándares de seguridad y eficacia clínica.

Porcelana

China, que ha invertido mucho en inteligencia artificial (IA) y big data, está en proceso de desarrollar su propio sistema regulatorio para estas tecnologías, en línea con sus ambiciones de convertirse en un líder mundial en salud digital. En 2020, la Administración Nacional de Productos Médicos (NMPA), organismo responsable de supervisar los medicamentos y dispositivos médicos en China, emitió directrices específicas para la aprobación de la IA en dispositivos médicos. Estas directrices subrayan la importancia de realizar pruebas rigurosas y realizar auditorías detalladas de los algoritmos de IA para garantizar que estos dispositivos sean seguros y eficaces para uso clínico.

La NMPA se ha centrado en equilibrar la promoción de la innovación tecnológica con la necesidad imperativa de proteger a los pacientes, un desafío común para los reguladores de todo el mundo. Las directrices de la NMPA exigen que los desarrolladores de IA en dispositivos médicos demuestren que sus algoritmos son sólidos, transparentes y capaces de proporcionar resultados consistentes y confiables en entornos clínicos. Esto incluye no solo validar los algoritmos a través de rigurosos ensayos clínicos, sino también implementar mecanismos de monitoreo continuo para identificar y corregir cualquier problema que pueda surgir después de que los dispositivos se comercialicen.

El enfoque regulatorio de China refleja la estrategia del país de promover rápidamente la innovación en salud digital y, al mismo tiempo, establecer salvaguardias para proteger la salud pública. La NMPA está trabajando para crear un entorno regulatorio que fomente la innovación y permita a las empresas desarrollar y comercializar nuevas tecnologías de IA de manera ágil, pero sin comprometer la seguridad y eficacia de los productos. Esta estrategia tiene como objetivo posicionar a China como líder en la adopción y el desarrollo de tecnologías de salud digitales, al tiempo que garantiza que los avances tecnológicos se integren de forma segura en la práctica clínica.

China también reconoce la importancia de colaborar internacionalmente en la regulación de tecnologías emergentes, participando en debates globales sobre normas y estándares para la IA y los dispositivos médicos. Este esfuerzo tiene como objetivo alinear las regulaciones chinas con las mejores prácticas internacionales, facilitando la exportación de tecnologías desarrolladas en China y reforzando la posición del país como actor clave en el mercado global de salud digital.

Estos ejemplos muestran que, si bien regular las tecnologías sanitarias emergentes es un desafío global, diferentes países están adoptando distintos enfoques para integrar de forma segura y eficaz estas innovaciones en la práctica médica. La colaboración internacional y el intercambio de mejores prácticas serán clave para abordar los desafíos regulatorios y garantizar que todos los pacientes puedan beneficiarse de los avances tecnológicos en medicina.

CAPÍTULO 7: LEYES Y REGULACIONES INTERNACIONALES EN ATENCIÓN MÉDICA

Descripción general de las leyes sanitarias mundiales

Las leyes y regulaciones internacionales de salud desempeñan un papel crucial en la definición de estándares de práctica médica y la protección de la salud pública global. Estos estándares, a menudo establecidos por organizaciones internacionales como la Organización Mundial de la Salud (OMS) y las Naciones Unidas (ONU), buscan armonizar las prácticas médicas y garantizar que todos los países adopten estándares mínimos de calidad y seguridad.

Reglamento Sanitario Internacional (RSI)

Uno de los hitos más importantes del derecho sanitario mundial es el Reglamento Sanitario Internacional (RSI), un acuerdo jurídicamente vinculante en el que participan 196 países, incluidos todos los miembros de la Organización Mundial de la Salud (OMS). El RSI, que fue revisado por última vez en 2005, desempeña un papel crucial a la hora de prevenir la propagación internacional de enfermedades y garantizar una respuesta coordinada a las emergencias de salud pública. Este reglamento fue diseñado para abordar las amenazas a la salud global de manera más efectiva al proporcionar un marco legal que oriente a los países en la gestión de riesgos para la salud que pueden trascender las fronteras.

El RSI establece varias obligaciones para los países firmantes, especialmente en lo que respecta a la vigilancia y respuesta a eventos de salud pública que podrían convertirse en emergencias internacionales. Uno de los principales objetivos del RSI es garantizar que los países estén equipados para detectar, evaluar, informar y responder rápidamente a los brotes de enfermedades, minimizando el impacto potencial de estas amenazas en la salud pública mundial. Para lograr esto, la regulación requiere que los países desarrollen y mantengan capacidades de salud pública adecuadas, incluida la infraestructura necesaria para la vigilancia de enfermedades, laboratorios de diagnóstico y sistemas de respuesta a emergencias.

Una de las características fundamentales del RSI es el énfasis en la comunicación rápida y transparente entre los países y la OMS. Cuando se detecta un evento de salud pública que podría tener repercusiones internacionales, el RSI obliga a los países a notificarlo inmediatamente a la OMS, proporcionando una plataforma para compartir información crítica que puede ayudar a prevenir la propagación de enfermedades. Esta comunicación efectiva es vital para coordinar los esfuerzos internacionales, como la implementación de medidas de cuarentena, control fronterizo y otras intervenciones que puedan ser necesarias para contener la propagación de enfermedades.

Además, el RSI destaca la importancia de fortalecer las capacidades nacionales de salud pública para hacer frente a las emergencias. Esto incluye no sólo la preparación para brotes de enfermedades infecciosas, sino también la capacidad de responder a otras amenazas a la salud pública, como desastres naturales o accidentes químicos. El reglamento fomenta la colaboración entre países, promoviendo el intercambio de conocimientos, tecnologías y recursos para mejorar la resiliencia global ante emergencias sanitarias.

El RSI también refleja un compromiso con la seguridad sanitaria mundial, equilibrando la necesidad de proteger la salud pública con la minimización de interferencias innecesarias en el comercio y los viajes internacionales. Reconoce que en un mundo interconectado, las amenazas a la salud pueden propagarse rápidamente, lo que requiere un enfoque coordinado y cooperativo para proteger a las poblaciones de todo el mundo.

Convenio Marco para el Control del Tabaco (CMCT)

Otra regulación global de gran relevancia es el Convenio Marco para el Control del Tabaco (CMCT), adoptado por la Organización Mundial de la Salud (OMS) en 2003. El CMCT representa el primer tratado internacional de salud pública, marcando un avance significativo en la gobernanza global de la salud al establecer un conjunto completo de medidas diseñadas para reducir tanto la demanda como la oferta de productos de tabaco en todo el mundo.

El CMCT se desarrolló en respuesta a la epidemia mundial de tabaquismo, reconocida como una de las principales causas de enfermedades crónicas no transmisibles como el cáncer y las enfermedades cardíacas y respiratorias. El tratado establece obligaciones claras para los países firmantes, proporcionando un marco legal internacional para implementar políticas efectivas de control del tabaco. El cumplimiento de estas medidas se considera esencial para proteger a las generaciones presentes y futuras de los efectos devastadores del consumo de tabaco y la exposición al humo del tabaco.

Entre las obligaciones centrales del CMCT se encuentra la prohibición de la publicidad, promoción y patrocinio de productos de tabaco. El tratado exige que los países signatarios adopten medidas para eliminar todas las formas de publicidad del tabaco, incluidas restricciones estrictas en los medios impresos, televisivos y digitales, con el objetivo de reducir el atractivo de los productos del tabaco, especialmente entre los jóvenes y los grupos vulnerables. La prohibición de la publicidad se complementa con directrices que promueven la implementación de envases estandarizados, cuyo objetivo es reducir el atractivo visual de los productos del tabaco y aumentar la

visibilidad de las advertencias
sanitarias.

El CMCT también incluye disposiciones
para crear ambientes libres de humo al
alentar a los países a adoptar e
implementar leyes que prohíban fumar en
lugares públicos cerrados, lugares de
trabajo y transporte público. Estas
medidas están diseñadas para proteger a
las personas de la exposición al humo
del tabaco, que es perjudicial incluso
para los no fumadores, y promover la
normalización social de un estilo de
vida sin tabaco.

Además, el CMCT aborda la cuestión del
suministro de tabaco proponiendo
estrategias para reducir el suministro
de productos de tabaco, incluida la
eliminación del comercio ilícito de
tabaco y el apoyo a la diversificación
económica de los agricultores que
cultivan tabaco. El convenio también
alienta a los países a aumentar los
impuestos sobre los productos de
tabaco, una medida que ha demostrado
reducir el consumo, especialmente entre
las poblaciones de bajos ingresos y los
jóvenes.

El CMCT es ampliamente reconocido como
un modelo de éxito en salud pública, ya
que ha inspirado la adopción de

políticas nacionales de control del tabaco más estrictas en muchos países del mundo. La implementación efectiva de las medidas previstas en el tratado ha contribuido a la reducción global de las tasas de tabaquismo y a la prevención de millones de muertes relacionadas con el tabaco.

Derecho a la salud en la ONU

Las Naciones Unidas (ONU) reconocen el derecho a la salud como uno de los derechos humanos fundamentales, tal como lo establece el Pacto Internacional de Derechos Económicos, Sociales y Culturales (PIDESC), adoptado en 1966. El artículo 12 del PIDESC establece que toda persona tiene derecho a disfrutar del más alto nivel posible de salud física y mental. Este principio es fundamental para el desarrollo de políticas y regulaciones sanitarias a nivel mundial y sirve como guía esencial para los Estados Miembros en la promoción y protección del derecho a la salud.

El artículo 12 del PIDESC detalla las obligaciones de los Estados para lograr la plena realización de este derecho, incluyendo la mejora de todos los aspectos de la salud ambiental e industrial, la prevención, el tratamiento y el control de enfermedades epidémicas, endémicas, ocupacionales y de otro tipo, y la creación de condiciones que garanticen la asistencia médica y los servicios médicos a todas las personas en caso de enfermedad. Este amplio alcance refleja la comprensión del derecho a la salud como algo que va más allá del simple acceso a los servicios de salud, abarcando también los determinantes sociales de la salud, como el acceso al agua potable, el saneamiento, la alimentación adecuada, la vivienda segura y las condiciones de trabajo saludables.

El reconocimiento del derecho a la salud por parte del PIDESC ha servido de base para la formulación de una serie de políticas globales y nacionales destinadas a promover el acceso universal a servicios de salud de calidad. Este principio se ha incorporado en varios instrumentos internacionales y regionales de derechos humanos y a menudo se invoca para responsabilizar a los Estados de garantizar que sus poblaciones puedan acceder a los servicios de salud sin discriminación.

La promoción del derecho a la salud a nivel global ha impulsado iniciativas como la cobertura sanitaria universal (CSU), que busca garantizar que todas las personas tengan acceso a servicios de salud esenciales sin enfrentar dificultades financieras. La cobertura universal de salud es un objetivo central de la Agenda 2030 para el Desarrollo Sostenible de las Naciones Unidas, específicamente el Objetivo de Desarrollo Sostenible (ODS) 3, cuyo objetivo es garantizar una vida sana y promover el bienestar para todos en todas las edades.

Además, el derecho a la salud también guía la acción global en respuesta a crisis sanitarias, como epidemias y pandemias. Durante la pandemia de COVID-19, por ejemplo, el principio del derecho a la salud fue crucial para justificar la movilización de recursos internacionales, la distribución equitativa de vacunas y la implementación de medidas de salud pública destinadas a proteger a las poblaciones más vulnerables.

Estos marcos legales globales sirven como base para la formulación de leyes y políticas nacionales de salud, influyendo directamente en la práctica médica en todo el mundo. Además, las regulaciones internacionales tienen como objetivo promover la equidad en salud garantizando que todos los países, independientemente de su nivel de desarrollo, adopten medidas para proteger la salud pública y proporcionar atención médica adecuada.

Comparación entre países desarrollados y en desarrollo

La legislación sanitaria varía significativamente entre los países desarrollados y los países en desarrollo, lo que refleja diferencias en sus capacidades económicas, infraestructuras sanitarias y prioridades políticas. Esta disparidad legislativa tiene un profundo impacto en la práctica médica y los resultados de salud en diferentes regiones.

Países desarrollados

En los países desarrollados, como Estados Unidos, Reino Unido, Alemania y Japón, las regulaciones sanitarias suelen ser más avanzadas y completas, lo que refleja la disponibilidad de importantes recursos y sistemas sanitarios bien establecidos. Estos países invierten considerablemente en la creación de marcos legales y regulatorios rigurosos para garantizar la seguridad del paciente, la calidad de la atención brindada y la responsabilidad de los profesionales de la salud. Este enfoque en la regulación es una característica distintiva de los sistemas de salud en los países desarrollados, donde existe un compromiso con altos estándares de atención y protección de la salud pública.

En Estados Unidos, por ejemplo, la Administración de Alimentos y Medicamentos (FDA) desempeña un papel central en la regulación de medicamentos y dispositivos médicos. La FDA impone un riguroso proceso de aprobación para nuevos productos, exigiendo que los fabricantes proporcionen pruebas sustanciales de seguridad y eficacia antes de que se pueda comercializar un medicamento o dispositivo. Este proceso incluye extensos ensayos clínicos, evaluaciones de datos y monitoreo poscomercialización para garantizar que los productos sigan cumpliendo con los estándares de seguridad. El enfoque riguroso de la FDA está diseñado para proteger a los consumidores y garantizar que sólo estén disponibles en el mercado productos que cumplan con los criterios científicos más altos.

En el Reino Unido, el Servicio Nacional de Salud (NHS) es un ejemplo de sistema

de salud público sólido, que brinda
atención médica universal financiada
por el gobierno. El NHS es conocido por
su compromiso con la equidad en el
acceso a la atención sanitaria,
garantizando que todos los ciudadanos,
independientemente de su situación
financiera, tengan acceso a servicios
sanitarios de alta calidad. Además, el
Reino Unido implementa regulaciones
estrictas a través de organismos como
la Comisión de Calidad de la Atención
(CQC), que supervisa la calidad y
seguridad de los servicios de atención
sanitaria y social, garantizando que
las instituciones sanitarias cumplan
con los estándares establecidos.

En Alemania, el sistema sanitario se
caracteriza por un modelo de seguro
social, en el que la cobertura
sanitaria se financia mediante una
combinación de seguros sanitarios
públicos y privados. La regulación es
estricta y se centra significativamente
en la coordinación e integración de la
atención, garantizando que los
servicios prestados sean de alta
calidad y accesibles para todos los
ciudadanos. Las autoridades sanitarias
de Alemania también están muy
involucradas en el seguimiento y la
evaluación continuos de los servicios
sanitarios, garantizando que se

mantengan los estándares de seguridad y
eficacia en todo el sistema.

Japón también tiene un sistema de salud
universal y bien regulado, basado en un
seguro médico obligatorio que cubre a
toda la población. Las regulaciones
sanitarias en Japón están diseñadas
para garantizar que la atención sea
ampliamente accesible, de alta calidad
y culturalmente apropiada. El gobierno
japonés regula estrictamente los
precios de los servicios médicos y los
medicamentos, con el objetivo de
mantener la atención sanitaria
asequible y sostenible.

Estos ejemplos demuestran cómo los
países desarrollados tienden a
implementar y mantener regulaciones
sanitarias estrictas, lo que refleja un
compromiso con la seguridad del
paciente y la calidad de la atención.
La combinación de sistemas de salud
bien financiados, regulaciones
estrictas y una cultura de rendición de
cuentas ayuda a garantizar que los
servicios de salud en estos países sean
accesibles, seguros y eficaces para
todos los ciudadanos. Esto contrasta
con los desafíos que enfrentan muchos
países en desarrollo, donde los
recursos limitados y las
infraestructuras de atención médica

menos sólidas pueden dificultar la implementación de regulaciones tan integrales.

Países en desarrollo

A diferencia de los países desarrollados, muchos países en desarrollo enfrentan desafíos importantes a la hora de implementar leyes sanitarias eficaces. Factores como recursos financieros limitados, infraestructura sanitaria deficiente y una escasez crónica de profesionales sanitarios cualificados hacen que la creación y aplicación de normas sanitarias estrictas sea una tarea extremadamente difícil. Estos obstáculos estructurales comprometen la capacidad de los gobiernos para garantizar la calidad y seguridad de la atención de salud ofrecida a la población.

En muchos de estos países, la legislación sanitaria tiende a estar fragmentada o obsoleta, lo que refleja una falta de armonización con las normas internacionales modernas. Además, la supervisión regulatoria suele ser inadecuada, lo que puede dar lugar a lagunas críticas en la garantía de calidad de los servicios de atención sanitaria. La falta de recursos para la capacitación y el cumplimiento también significa que las leyes y regulaciones existentes, incluso cuando son sólidas en el papel, a menudo no se aplican de manera efectiva en la práctica.

Un ejemplo notable de esta realidad se puede observar en varios países africanos, donde las dificultades para establecer y mantener una infraestructura regulatoria eficaz tienen graves consecuencias para la salud pública. La escasez de recursos y la falta de un marco regulatorio sólido contribuyen a una mayor incidencia de medicamentos falsificados, que pueden ser ineficaces o incluso peligrosos. Estos medicamentos plantean un riesgo importante para la salud, especialmente en regiones donde el acceso a tratamientos de calidad ya es limitado. La dificultad para garantizar el cumplimiento de las normas internacionales de seguridad sanitaria también significa que los pacientes de los países en desarrollo pueden estar más expuestos a riesgos evitables, como infecciones hospitalarias y errores médicos.

Además, la falta de inversión en infraestructura sanitaria dificulta que muchos países en desarrollo implementen sistemas de salud pública que puedan responder eficazmente a las crisis sanitarias, como los brotes de enfermedades infecciosas. La ausencia de una red sólida de vigilancia y control de enfermedades significa que las respuestas a las emergencias sanitarias suelen ser inadecuadas, lo que da lugar a mayores tasas de mortalidad y morbilidad.

Estos desafíos se ven exacerbados por la desigualdad en el acceso a los recursos sanitarios globales, donde los países en desarrollo a menudo dependen de la ayuda internacional para implementar y mantener programas básicos de salud pública. La dependencia de la financiación externa puede llevar a una mayor fragmentación de los esfuerzos regulatorios a medida que diferentes programas e iniciativas, a menudo con prioridades contrapuestas, intentan coexistir dentro de un sistema de salud ya sobrecargado.

Impacto de las desigualdades legislativas

La disparidad legislativa entre países desarrollados y en desarrollo contribuye a la perpetuación de las desigualdades en salud global, acentuando las diferencias en el acceso y la calidad de la atención médica que experimentan las poblaciones de estos países. En los países desarrollados, los pacientes generalmente tienen acceso a atención médica de alta calidad, respaldada por regulaciones estrictas que garantizan la seguridad, eficacia y responsabilidad de los profesionales y servicios de atención médica. Estos sistemas regulatorios bien establecidos son esenciales para mantener altos estándares de atención, proteger a los pacientes de los riesgos y garantizar que reciban tratamientos basados en evidencia y mejores prácticas.

Por otro lado, los pacientes de los países en desarrollo a menudo enfrentan barreras sustanciales para obtener atención médica que sea segura y eficaz. La falta de regulaciones adecuadas, junto con una supervisión insuficiente, significa que muchos de estos pacientes no tienen garantía de que los servicios de atención médica que reciben cumplan con estándares mínimos de calidad. En algunos casos, los pacientes pueden estar expuestos a medicamentos falsificados o de calidad inferior, a instalaciones mal equipadas y a profesionales sanitarios con una formación inadecuada, todo lo cual aumenta el riesgo de complicaciones, fracasos terapéuticos e incluso daños graves a su salud.

Además, la ausencia de marcos regulatorios sólidos puede contribuir a un fenómeno conocido como "fuga de cerebros", donde los profesionales de la salud calificados abandonan los países en desarrollo en busca de mejores condiciones laborales en naciones donde los estándares regulatorios son más altos y donde hay un mayor apoyo al desarrollo profesional. Esta migración de talento exacerba aún más la escasez de personal calificado en los países en desarrollo, debilitando los sistemas de salud locales y dificultando la prestación de atención médica de calidad. La pérdida de profesionales de la salud con experiencia también puede significar que los países en desarrollo se queden con menos recursos humanos para implementar y monitorear las regulaciones de salud, creando un círculo vicioso de deterioro de la calidad de la atención.

Estas disparidades legislativas y estructurales entre los países desarrollados y en desarrollo no solo perpetúan las desigualdades sanitarias existentes, sino que también pueden ampliarlas, especialmente a medida que la tecnología y la innovación sanitaria avanzan más rápidamente en los países ricos. Sin intervención y apoyo internacional, es probable que estas desigualdades sigan aumentando, poniendo a millones de personas en desventaja a la hora de acceder a una atención sanitaria segura y eficaz.

Abordar estas disparidades requiere un esfuerzo global coordinado que incluya asistencia técnica y financiera de los países desarrollados, así como el fortalecimiento de las capacidades regulatorias y los sistemas de salud en los países en desarrollo. Las alianzas internacionales, las inversiones en infraestructura de salud y los programas de capacitación y retención profesional son esenciales para reducir esta brecha. Sólo con un compromiso global firme será posible crear un sistema de salud global más equitativo donde todos, independientemente de dónde vivan, tengan acceso a una atención médica segura, eficaz y de alta calidad.

Impacto de la legislación en la práctica médica

La legislación sanitaria tiene un impacto directo y profundo en la práctica médica y la atención sanitaria en diferentes contextos. Las regulaciones establecen estándares para la práctica clínica, determinan las responsabilidades de los profesionales de la salud y protegen los derechos de los pacientes.

Estandarización de la práctica médica

Las leyes sanitarias, especialmente en los países desarrollados, desempeñan un papel crucial en la estandarización de la práctica médica, garantizando que la atención brindada sea consistente, segura y esté basada en evidencia científica. Estas normas establecen un conjunto de estándares y pautas que los profesionales de la salud deben seguir, lo que contribuye a la uniformidad en la calidad de la atención ofrecida a los pacientes. Al exigir el cumplimiento de pautas clínicas y protocolos de seguridad específicos, las regulaciones ayudan a minimizar la variación en la práctica médica, lo que a su vez mejora significativamente los resultados clínicos y la seguridad del paciente.

Un claro ejemplo de la efectividad de estas regulaciones es la implementación obligatoria de listas de verificación quirúrgica en muchos países desarrollados. Estas listas de verificación, que incluyen pasos críticos que se deben seguir antes, durante y después de los procedimientos quirúrgicos, han demostrado ser una herramienta poderosa para prevenir errores médicos. Las regulaciones que hacen obligatorio el uso de estas listas de verificación han resultado en reducciones significativas en las tasas de complicaciones y mortalidad asociadas con las cirugías. El impacto positivo de estas medidas refleja la importancia de seguir protocolos estandarizados para garantizar que todos los aspectos de la atención sean monitoreados y ejecutados cuidadosamente.

Además de las listas de verificación quirúrgica, existen una serie de otras regulaciones que contribuyen a la estandarización de la práctica médica. Por ejemplo, muchos países desarrollados exigen que los profesionales de la salud sigan pautas clínicas basadas en evidencia al tratar enfermedades crónicas como la diabetes y la hipertensión, asegurando que todos los pacientes reciban una atención acorde con las mejores prácticas reconocidas. Estas pautas se revisan y actualizan continuamente a la luz de las últimas investigaciones científicas, lo que garantiza que los estándares de atención reflejen los avances médicos más actuales.

Estas regulaciones no sólo mejoran la calidad de la atención, sino que también fortalecen la confianza de los pacientes en el sistema sanitario. Cuando los pacientes saben que la atención que reciben está estandarizada y basada en la mejor evidencia científica disponible, tienden a tener una mayor confianza en los profesionales de la salud y las instituciones que los atienden. Esto puede dar como resultado mejores tasas de adherencia al tratamiento, una mayor satisfacción del paciente y, en última instancia, mejores resultados de salud.

Responsabilidad y disputas

La legislación sanitaria tiene una influencia significativa en la cultura de rendición de cuentas y los patrones de litigio en la práctica médica. En países como Estados Unidos, donde el sistema legal facilita la presentación de demandas por negligencia médica, los profesionales de la salud a menudo se ven obligados a adoptar un enfoque conocido como medicina defensiva. Este comportamiento implica realizar pruebas y procedimientos adicionales que pueden no ser médicamente necesarios pero que se realizan como precaución para proteger a los médicos de posibles demandas. Aunque la medicina defensiva puede verse como una forma de mitigación de riesgos, también contribuye a aumentar los costos de atención médica, además de exponer potencialmente a los pacientes a intervenciones innecesarias y al uso excesivo de recursos.

La práctica de la medicina defensiva en los Estados Unidos está impulsada en gran medida por la alta incidencia de litigios por negligencia médica, donde los médicos y otros profesionales de la salud enfrentan un riesgo considerable de ser demandados. Las estrictas regulaciones y la facilidad con la que los pacientes pueden recurrir al sistema judicial para buscar reparación alientan a los profesionales de la salud a ser extremadamente cautelosos en sus decisiones clínicas. Si bien esta precaución adicional puede, en algunos casos, mejorar la detección temprana de enfermedades o evitar errores, también puede conducir a un aumento significativo de pruebas y procedimientos que no tienen ningún beneficio claro para el paciente pero sirven para proteger al médico. contra posibles acciones legales.

Por el contrario, en países con
regulaciones menos estrictas y sistemas
legales menos propensos a facilitar
demandas por negligencia médica, la
cultura de rendición de cuentas puede
ser menos pronunciada. En estos
contextos, la falta de mecanismos
sólidos para responsabilizar a los
profesionales de la salud puede
resultar en prácticas menos seguras, lo
que coloca a los pacientes en mayor
riesgo. La ausencia de una cultura
sólida de rendición de cuentas puede
permitir que los errores médicos y las
prácticas inseguras pasen
desapercibidos o no sean sancionados
adecuadamente, lo que puede comprometer
la calidad general de la atención
sanitaria.

En algunos países, la falta de
regulaciones estrictas y de un sistema
legal eficaz para tratar los casos de
negligencia médica puede crear un
entorno en el que las normas de
seguridad sean inconsistentes y donde
los pacientes tengan menos protección
contra los errores médicos. Esto
contrasta marcadamente con los países
donde se hace mucho hincapié en la
rendición de cuentas, aunque a menudo a
costa de una medicina defensiva
generalizada.

Protección de los derechos de los pacientes

Las regulaciones sanitarias desempeñan un papel clave en la protección de los derechos de los pacientes al establecer un marco legal que garantiza prácticas médicas éticas y centradas en el paciente. Las leyes que garantizan el consentimiento informado, la confidencialidad de los datos médicos y el acceso equitativo a la atención médica son pilares esenciales para construir un sistema de atención médica que respete la dignidad y los derechos de las personas.

El consentimiento informado es uno de los principios más importantes de la normativa sanitaria, ya que garantiza que los pacientes tengan derecho a estar plenamente informados sobre los procedimientos, tratamientos e intervenciones médicas a los que se someterán. Este principio asegura que los pacientes puedan tomar decisiones informadas sobre su propia salud, entendiendo los beneficios, riesgos y alternativas disponibles. Las regulaciones que exigen el consentimiento informado protegen a los pacientes de procedimientos no deseados o inapropiados y refuerzan la autonomía de los individuos en el manejo de su salud.

La confidencialidad de los datos médicos es otro aspecto crucial de la normativa sanitaria. Las leyes que protegen la privacidad del paciente y garantizan la seguridad de la información sanitaria son esenciales para mantener la confianza en el sistema sanitario. La confidencialidad de los datos médicos garantiza que la información confidencial del paciente se maneje con el máximo cuidado, evitando el uso indebido o la divulgación no autorizada. Estas leyes también garantizan que los pacientes puedan compartir información con sus profesionales de la salud con la confianza de que sus datos estarán protegidos, lo cual es vital para un diagnóstico y tratamiento eficaces.

El acceso equitativo a la atención sanitaria es otro principio fundamental consagrado en muchas normativas sanitarias. Las leyes que promueven la equidad garantizan que todas las personas, independientemente de su nivel socioeconómico, raza, género o lugar de residencia, tengan acceso a la atención médica que necesitan. Estas regulaciones son esenciales para reducir las desigualdades en salud y garantizar que todos los miembros de la sociedad puedan disfrutar del más alto nivel de salud posible.

Además, en muchos países la legislación establece mecanismos mediante los cuales los pacientes pueden buscar reparación en casos de negligencia o negligencia médica. Estos mecanismos, que pueden incluir procesos judiciales, tribunales de salud o sistemas de mediación, son clave para fortalecer la confianza en el sistema de salud. Al proporcionar un camino para que los pacientes busquen justicia y compensación cuando han sido perjudicados, estas leyes no sólo protegen los derechos de los pacientes, sino que también fomentan la prestación de atención de alta calidad y responsabilizan a los profesionales de la salud por sus acciones.

Desafíos en los países en desarrollo

En los países en desarrollo, la ausencia de regulaciones sólidas y mecanismos de aplicación efectivos a menudo resulta en prácticas médicas inseguras y violaciones de los derechos de los pacientes. La combinación de escasez de recursos, corrupción y falta de infraestructura adecuada contribuye significativamente a la aplicación

ineficaz de las leyes sanitarias,
creando un entorno en el que los
pacientes a menudo están expuestos a
riesgos innecesarios.

La escasez de recursos es uno de los
principales factores que impiden la
implementación y el cumplimiento de las
normas sanitarias en estos países. Los
gobiernos con presupuestos limitados a
menudo luchan por financiar sistemas de
salud adecuados, lo que genera
infraestructura deficiente, falta de
equipos esenciales y un suministro
insuficiente de medicamentos y
profesionales de la salud calificados.
Sin los recursos necesarios, los
sistemas de supervisión se debilitan y
pueden producirse violaciones de las
normas sanitarias con pocas o ninguna
consecuencia, lo que da lugar a una
atención sanitaria de baja calidad e
insegura.

La corrupción también desempeña un
papel importante en la aplicación
ineficaz de las normas sanitarias. En
algunos países en desarrollo, las
prácticas corruptas pueden influir en
la implementación de las leyes
sanitarias, desde la concesión de
licencias a centros sanitarios que no
cumplen las normas hasta la
manipulación de los contratos de

suministro de medicamentos. Esta
corrupción debilita aún más la
confianza en el sistema de salud y
compromete la seguridad de los
pacientes.

Además, la falta de infraestructura
adecuada no sólo obstaculiza una
supervisión eficaz sino que también
restringe el acceso de los pacientes a
una atención sanitaria segura y eficaz.
En muchas zonas rurales o remotas, por
ejemplo, los centros de salud pueden no
existir o funcionar en condiciones
extremadamente precarias, lo que
compromete gravemente la calidad de la
atención brindada. Esto coloca a los
pacientes en una posición vulnerable,
donde el riesgo de complicaciones o
incluso violaciones graves de sus
derechos de salud es mucho mayor.

Las desigualdades legislativas entre
los países en desarrollo y los
desarrollados también exacerban las
disparidades en salud, especialmente en
lo que respecta al acceso a
medicamentos esenciales y tratamientos
seguros. Si bien los pacientes de
países con regulaciones avanzadas
pueden beneficiarse de sistemas que
garantizan la calidad y seguridad de
los medicamentos, los de los países en
desarrollo a menudo enfrentan

dificultades para acceder a medicamentos esenciales, que pueden ser costosos o no estar disponibles debido a problemas de distribución y regulación. En algunos casos, la falta de normas estrictas puede dar lugar a la proliferación de medicamentos falsificados o de baja calidad, lo que supone un riesgo importante para la salud pública.

Estas desigualdades y la aplicación insuficiente de las leyes sanitarias no sólo ponen en riesgo a los pacientes, sino que también perpetúan las disparidades sanitarias entre los países desarrollados y en desarrollo. Sin un sistema de salud adecuadamente regulado y supervisado, los pacientes de los países en desarrollo seguirán enfrentándose a importantes barreras para obtener una atención segura y de calidad, lo que empeorará las desigualdades sanitarias mundiales.

En resumen, la legislación sanitaria tiene un impacto significativo en la práctica médica global, moldeando la forma en que se brinda la atención y protegiendo los derechos de los pacientes. La armonización de las regulaciones internacionales y el fortalecimiento de las capacidades regulatorias en los países en

desarrollo son esenciales para
garantizar que todos los pacientes,
independientemente de dónde vivan,
tengan acceso a una atención médica
segura, eficaz y equitativa.

CAPÍTULO 8: EL PAPEL DE LAS AGENCIAS REGULADORAS INTERNACIONALES

Funciones y responsabilidades

Las agencias reguladoras internacionales desempeñan un papel fundamental en la protección de la salud pública mundial al garantizar que los medicamentos, dispositivos médicos, alimentos y otros productos sanitarios sean seguros, eficaces y de alta calidad. Entre las principales agencias reguladoras globales se encuentran la Administración de Alimentos y Medicamentos (FDA) de Estados Unidos, la Agencia Europea de Medicamentos (EMA) de la Unión Europea y la Agencia Nacional de Vigilancia Sanitaria (ANVISA) de Brasil. Cada una de estas agencias tiene funciones y responsabilidades distintas, pero comparten el objetivo común de proteger la salud pública mediante una regulación y supervisión rigurosas de los productos sanitarios.

Administración de Alimentos y Medicamentos (FDA)

La Administración de Alimentos y Medicamentos (FDA) es una de las agencias reguladoras más influyentes y respetadas del mundo, con una amplia gama de responsabilidades que incluyen la supervisión de alimentos, medicamentos, dispositivos médicos, cosméticos y productos de tabaco. La agencia desempeña un papel crucial en la protección de la salud pública en los Estados Unidos al garantizar que todos los productos bajo su jurisdicción sean seguros, eficaces y de alta calidad antes de ponerse a disposición del público.

Una de las principales funciones de la FDA es evaluar rigurosamente la seguridad y eficacia de medicamentos y dispositivos médicos antes de su comercialización. Este proceso implica una revisión minuciosa de los datos de estudios clínicos y otras investigaciones para garantizar que los productos cumplan con estándares científicos rigurosos. Sólo después de un análisis cuidadoso y la confirmación de que los beneficios del producto superan sus riesgos potenciales, la FDA otorga la aprobación para que el producto se comercialice en los Estados Unidos. Este riguroso proceso es esencial para garantizar que los consumidores tengan acceso a productos que no sólo sean eficaces, sino también seguros de usar.

Además de su función de aprobación
inicial, la FDA monitorea continuamente
los productos en el mercado para
detectar y responder rápidamente a
cualquier problema de seguridad que
pueda surgir. Esto incluye monitorear
las reacciones adversas a los
medicamentos, monitorear los defectos
en los dispositivos médicos y realizar
investigaciones y retiradas del mercado
cuando sea necesario. La capacidad de
la FDA para responder con prontitud a
las preocupaciones de seguridad ayuda a
proteger al público de productos que
pueden representar un riesgo,
garantizando que se tomen medidas
correctivas rápidamente cuando se
identifican problemas.

La agencia también desempeña un papel
central en la regulación de los ensayos
clínicos, estableciendo estándares y
directrices que garanticen la seguridad
de los participantes y la integridad de
los datos recopilados. La FDA supervisa
el diseño, la realización y el análisis
de los ensayos clínicos para garantizar
que se realicen de acuerdo con los
principios científicos y éticos
establecidos. Esto es fundamental para
garantizar que los resultados de los
ensayos clínicos sean confiables y
puedan usarse para tomar decisiones

informadas sobre la aprobación de
nuevos tratamientos.

Otro aspecto importante del trabajo de
la FDA es regular el etiquetado y la
publicidad de productos sanitarios. La
agencia establece pautas que garantizan
que la información proporcionada a los
consumidores y profesionales de la
salud sea clara, precisa y no engañosa.
Esto incluye requisitos estrictos para
el etiquetado de medicamentos y
dispositivos médicos, que deben
proporcionar información detallada
sobre el uso seguro y eficaz de los
productos, así como la divulgación de
posibles riesgos. La regulación de la
publicidad es igualmente importante, ya
que la FDA trabaja para garantizar que
las afirmaciones hechas sobre productos
para la salud se basen en evidencia
científica y no engañen al público.

Agencia Europea de Medicamentos (EMA)

La Agencia Europea de Medicamentos
(EMA) es la principal agencia
reguladora de la Unión Europea (UE)
responsable de la evaluación
científica, supervisión y seguimiento
de la seguridad de los medicamentos
para uso humano y veterinario. La EMA
desempeña un papel central a la hora de
garantizar que los medicamentos

disponibles en el mercado europeo sean seguros, eficaces y de alta calidad.

Una de las principales funciones de la EMA es coordinar la evaluación de nuevos medicamentos a través del Comité de Medicamentos de Uso Humano (CHMP). Este comité está formado por expertos de todos los estados miembros de la UE y es el responsable de emitir dictámenes científicos sobre la aprobación de nuevos medicamentos. Cuando un fabricante de medicamentos quiere introducir un nuevo producto en el mercado europeo, el CHMP evalúa todos los datos clínicos y científicos disponibles para determinar si el medicamento cumple con los estrictos estándares exigidos por la legislación de la UE. Si la opinión del CHMP es positiva, la Comisión Europea puede conceder una autorización de comercialización válida en todos los países de la UE. Este proceso de evaluación centralizado permite que los medicamentos aprobados estén disponibles de manera uniforme en todo el bloque, lo que facilita el acceso de los pacientes a tratamientos innovadores y eficaces.

Además de evaluar y aprobar nuevos medicamentos, la EMA desempeña un papel crucial en la vigilancia poscomercialización, conocida como farmacovigilancia. La agencia monitorea continuamente la seguridad de los medicamentos después de su introducción en el mercado para identificar y evaluar cualquier efecto adverso o riesgo que pueda surgir. El sistema de farmacovigilancia de la UE, coordinado por la EMA, permite la recopilación y el análisis de datos de seguridad de todos los estados miembros, garantizando que cualquier problema se identifique y aborde rápidamente. Esto puede dar lugar a acciones regulatorias como actualizar la información sobre la seguridad de los medicamentos, imponer restricciones adicionales o, en casos extremos, retirar medicamentos del mercado.

La EMA también promueve la armonización de las prácticas regulatorias entre los estados miembros de la UE. A través de directrices y procedimientos comunes, la agencia facilita la aplicación uniforme de las regulaciones sobre medicamentos en toda Europa, lo que contribuye a construir un mercado farmacéutico integrado y eficiente. Esta armonización es esencial para garantizar que los pacientes de todos los Estados miembros tengan acceso a medicamentos que cumplan los mismos altos estándares de seguridad y eficacia.

Además, la EMA colabora estrechamente con otras agencias reguladoras internacionales, como la FDA en los Estados Unidos, para alinear las prácticas regulatorias y abordar los desafíos globales en la regulación de medicamentos. Esta cooperación internacional es esencial para abordar cuestiones como la resistencia a los antimicrobianos y responder a emergencias de salud pública.

Agencia Nacional de Vigilancia Sanitaria (ANVISA)

La Agencia Nacional de Vigilancia Sanitaria (ANVISA) es la principal agencia reguladora de la salud de Brasil y desempeña un papel crucial en la protección de la salud pública al regular una amplia gama de productos y servicios relacionados con la salud, incluidos medicamentos, alimentos, cosméticos y dispositivos médicos, entre otros. La misión de ANVISA es garantizar que los productos vendidos en el país sean seguros, eficaces y cumplan con estrictos estándares de calidad, contribuyendo así a la promoción de la salud y el bienestar de la población brasileña.

Una de las funciones más importantes de ANVISA es la evaluación y aprobación de nuevos medicamentos y dispositivos médicos. Antes de que cualquier medicamento o dispositivo pueda ser comercializado en Brasil, debe pasar por un riguroso proceso de revisión científica y técnica realizado por ANVISA. Este proceso incluye el análisis de datos clínicos y de seguridad para garantizar que el producto ofrezca beneficios terapéuticos comprobados y que los riesgos asociados con su uso sean aceptables. Sólo después de la aprobación de la ANVISA se puede poner un producto a disposición del público, garantizando que cumpla con los estándares establecidos por la agencia.

Además de aprobar nuevos productos, ANVISA también es responsable de monitorear e inspeccionar fábricas, laboratorios y establecimientos de salud en todo el país. Esta labor de supervisión es fundamental para garantizar que las instalaciones productivas y los servicios sanitarios funcionen de acuerdo con los estándares de buenas prácticas establecidos por la agencia. ANVISA realiza inspecciones periódicas para verificar el cumplimiento de las normas de seguridad, higiene y calidad, y puede

tomar medidas correctivas, como
suspender actividades o retirar
productos, si se detectan
irregularidades.

Otro papel vital de ANVISA es la
vigilancia de los productos que ya
están en el mercado. La agencia
monitorea continuamente la seguridad y
efectividad de los productos
comercializados para identificar
posibles problemas que puedan surgir
después de su lanzamiento. Este proceso
de vigilancia posterior a la
comercialización incluye el seguimiento
de las reacciones adversas a los
medicamentos, el análisis de informes y
quejas de los consumidores y la
inspección de productos sospechosos de
incumplimiento. ANVISA podrá exigir la
retirada de productos del mercado,
modificar sus instrucciones de uso o
adoptar otras medidas para proteger la
salud de los consumidores cuando sea
necesario.

Además, ANVISA actúa en la regulación
de ensayos clínicos en Brasil,
asegurando que los estudios realizados
con seres humanos sigan rigurosos
estándares éticos y científicos. La
agencia también regula el etiquetado y
la publicidad de productos sanitarios,
garantizando que la información

proporcionada a los consumidores sea clara, precisa y no engañosa.

Estas agencias, al llevar a cabo sus funciones regulatorias, actúan como guardianes de la salud pública, asegurando que los productos sanitarios sean evaluados cuidadosamente antes de ponerse a disposición del público y que continúen siendo monitoreados para garantizar su seguridad y eficacia.

Retos e Historias de Éxito

Las agencias reguladoras internacionales enfrentan una serie de desafíos en su papel de proteger la salud pública, desde la creciente complejidad de los productos sanitarios hasta la presión para acelerar la aprobación de medicamentos y dispositivos innovadores. Sin embargo, estas agencias también tienen una larga historia de éxitos regulatorios que demuestran su importancia en la promoción de la salud global.

Desafíos regulatorios

Uno de los principales desafíos que enfrentan las agencias reguladoras de salud en todo el mundo es la rápida evolución de la ciencia y la tecnología, que requiere una constante actualización de conocimientos y procesos regulatorios. Las innovaciones en el campo de la medicina, como la introducción de nuevas terapias genéticas y celulares, ejemplificadas por las terapias CAR-T (receptor de antígeno quimérico de células T), están redefiniendo los paradigmas de tratamiento tradicionales y, en consecuencia, requieren la creación de nuevos marcos. regulador. Estas terapias innovadoras, que ofrecen importantes promesas para el tratamiento de enfermedades graves como ciertos tipos de cáncer, traen consigo desafíos únicos en términos de evaluación de la seguridad y eficacia, la producción a gran escala y la asequibilidad.

La complejidad de las terapias CAR-T, por ejemplo, no se limita sólo al desarrollo científico y clínico, sino que también involucra cuestiones relacionadas con la personalización de los tratamientos, la duración de los efectos terapéuticos y los riesgos potenciales de efectos adversos graves. Ante esto, las agencias reguladoras deben desarrollar nuevos criterios y procedimientos de evaluación que puedan abordar las particularidades de estas terapias, al tiempo que garantizan que los beneficios superen los riesgos para los pacientes.

Otro desafío importante para las agencias reguladoras es la globalización de los mercados de atención médica. La creciente interconexión económica y la expansión del comercio internacional de productos sanitarios aumentan la complejidad de la supervisión, lo que hace más difícil para los organismos garantizar que sólo productos seguros y eficaces entren en sus mercados nacionales. La globalización facilita la entrada de productos sanitarios de diferentes partes del mundo, que pueden incluir medicamentos y dispositivos médicos de calidad inferior o incluso falsificados. Estos productos pueden plantear graves riesgos para la salud pública y combatirlos requiere una estrecha cooperación entre las agencias reguladoras de diferentes países.

Para abordar estos desafíos, las agencias reguladoras deben adoptar un enfoque más colaborativo y proactivo. Esto incluye el fortalecimiento de redes de cooperación internacional, como la armonización de estándares y regulaciones a través de iniciativas como el Consejo Internacional para la Armonización de Requisitos Técnicos para Productos Farmacéuticos de Uso Humano (ICH). Además, las agencias pueden compartir información sobre riesgos y prácticas regulatorias exitosas, realizar auditorías conjuntas y desarrollar estrategias coordinadas para combatir los medicamentos falsificados y la entrada de productos de baja calidad al mercado global.

La adopción de tecnologías avanzadas como big data e inteligencia artificial también puede desempeñar un papel crucial en la modernización de los procesos regulatorios. Estas tecnologías permiten a las agencias analizar grandes volúmenes de datos de manera más eficiente, detectar patrones que indican posibles problemas de seguridad y responder rápidamente a emergencias de salud pública. Al integrar estas herramientas en sus operaciones, las agencias reguladoras pueden mejorar su capacidad para supervisar y garantizar la seguridad de los productos sanitarios en un entorno global cada vez más complejo.

Historias de éxito

A pesar de los importantes desafíos que enfrentan, las agencias reguladoras internacionales han logrado éxitos notables que subrayan su importancia crucial en la protección de la salud pública global. Un ejemplo sorprendente de este éxito es la respuesta de la

Administración de Alimentos y Medicamentos de los Estados Unidos (FDA) y la Agencia Europea de Medicamentos (EMA) a la pandemia de COVID-19. Ante una crisis de salud pública sin precedentes, ambas agencias pudieron aprobar rápidamente vacunas seguras y efectivas contra el SARS-CoV-2, el virus que causa el COVID-19, utilizando procesos de revisión acelerados conocidos como revisiones continuas y aprovechando la colaboración internacional para acelerar la análisis de datos científicos.

La velocidad y eficacia de estas aprobaciones fueron posibles gracias a la integración de nuevos enfoques regulatorios, como el uso de datos en tiempo real de ensayos clínicos a gran escala, la armonización de directrices entre diferentes agencias y el esfuerzo global coordinado para compartir información crucial. Información sobre la eficacia y seguridad de las vacunas. Estas medidas garantizaron que las vacunas pudieran ponerse a disposición del público en un tiempo récord, sin comprometer rigurosos estándares de seguridad. El éxito de esta respuesta regulatoria fue un factor esencial para controlar la propagación del virus, salvar vidas y permitir la recuperación gradual de las economías y sociedades afectadas por la pandemia.

Otro ejemplo de éxito significativo de las agencias reguladoras internacionales es la campaña global para erradicar la polio. La estricta supervisión de las vacunas, combinada con la coordinación entre la Organización Mundial de la Salud (OMS), la FDA, la EMA y otras entidades sanitarias globales, ha sido fundamental para reducir drásticamente la incidencia de la polio en todo el mundo. Esta campaña, que es una de las iniciativas de salud pública más grandes de la historia, implicó la distribución masiva de vacunas seguras y eficaces en regiones donde la polio aún era endémica, junto con estrategias de vigilancia intensivas para detectar y responder rápidamente a nuevos casos.

La colaboración internacional fue clave para el éxito de esta campaña, y las agencias reguladoras desempeñaron un papel vital para garantizar la calidad y seguridad de las vacunas utilizadas, así como para coordinar esfuerzos para superar los desafíos logísticos y llegar a poblaciones vulnerables en áreas de difícil acceso. Gracias a estos esfuerzos coordinados, la polio ha sido eliminada en muchas partes del mundo y la enfermedad está ahora al borde de la erradicación global, salvando innumerables vidas y previniendo la parálisis en millones de niños.

Estos ejemplos demuestran que a pesar de los desafíos inherentes a la regulación en un mundo que cambia rápidamente, las agencias reguladoras internacionales pueden lograr resultados extraordinarios cuando movilizan sus recursos y experiencia en respuesta a las crisis globales. La capacidad de estas agencias para innovar y colaborar eficientemente con socios globales refuerza la confianza pública en las intervenciones de salud y resalta su papel indispensable en la protección y promoción de la salud a escala global.

Superar barreras culturales y legales

Uno de los desafíos que enfrentan las agencias reguladoras como ANVISA es la necesidad de adaptar los estándares regulatorios internacionales a las realidades locales, que pueden incluir barreras culturales, legales y económicas. La tarea de alinear los estándares globales con las necesidades específicas de un país como Brasil requiere un enfoque sensible a las particularidades del contexto nacional, asegurando que las regulaciones internacionales sean aplicables y efectivas para satisfacer las demandas locales.

Un ejemplo de éxito en esta adaptación fue la aprobación y promoción del uso de medicamentos genéricos en Brasil. Cuando los medicamentos genéricos comenzaron a introducirse en el mercado mundial, hubo importantes resistencias entre la población y los profesionales sanitarios respecto a su eficacia y seguridad. Esto fue particularmente desafiante en Brasil, donde había una desconfianza generalizada sobre la calidad de estos productos en comparación con los medicamentos de marca.

ANVISA jugó un papel crucial en la superación de estas barreras, implementando rigurosos estándares de calidad y seguridad para medicamentos genéricos, alineados con las mejores prácticas internacionales, pero adaptados a las necesidades y percepciones locales. La agencia llevó a cabo campañas de concientización pública para educar a la población sobre la equivalencia terapéutica de los genéricos en relación con los medicamentos de marca, enfatizando que estos productos se someten a rigurosas pruebas de bioequivalencia para garantizar su efectividad.

Además, ANVISA trabajó para garantizar que los genéricos fueran accesibles a un mayor número de brasileños, promoviendo la competencia en el mercado farmacéutico y regulando los precios para hacer los medicamentos más accesibles. Este esfuerzo resultó en un cambio significativo en la percepción pública y la aceptación de los genéricos, que ahora se usan ampliamente en Brasil como alternativas efectivas y económicas a los medicamentos de marca.

El éxito de ANVISA en la promoción de medicamentos genéricos en Brasil ha tenido un profundo impacto en el sistema de salud del país. Al aumentar el acceso a tratamientos asequibles y eficaces, la agencia no solo ha mejorado la equidad en el acceso a la atención médica, sino que también ha contribuido a la sostenibilidad financiera del sistema de salud pública. La mayor disponibilidad de genéricos ha permitido que más pacientes accedan a los medicamentos que necesitan y, al mismo tiempo, ha reducido los costos generales de los medicamentos tanto para el gobierno como para los consumidores.

Este caso ejemplifica cómo la adaptación exitosa de las normas regulatorias internacionales a las realidades locales puede conducir a resultados positivos y duraderos. La capacidad de ANVISA para equilibrar la implementación de estándares internacionales rigurosos con un enfoque sensible al contexto brasileño fue fundamental para el éxito del programa de medicamentos genéricos del país, y sirvió como modelo de cómo las agencias reguladoras pueden afrontar los desafíos locales mientras promueven la salud. público.

Influencia de las agencias en la salud global

Las agencias reguladoras internacionales tienen una influencia significativa en la atención sanitaria global, dando forma a la práctica médica y la seguridad del paciente en todo el mundo. A través de sus decisiones regulatorias, estas agencias no solo garantizan la seguridad y eficacia de los productos sanitarios, sino que también establecen estándares globales que siguen otros países.

Estandarización global de estándares

La influencia de agencias reguladoras internacionales, como la FDA (Administración de Alimentos y Medicamentos) y la EMA (Agencia Europea de Medicamentos), juega un papel crucial en la estandarización global de los estándares y prácticas de atención médica. Estos organismos suelen ser vistos como líderes en la regulación de medicamentos, y sus decisiones y directrices tienen un impacto significativo no sólo en sus respectivos territorios, sino también en todo el mundo.

La FDA y la EMA establecen estándares rigurosos para la aprobación y el seguimiento de medicamentos y dispositivos médicos, que sirven como puntos de referencia para muchas otras naciones. La solidez de sus procesos de evaluación y su reputación de rigor científico hacen que muchos países adopten directamente sus regulaciones o las adapten a sus realidades locales. Esta tendencia contribuye a la armonización de las prácticas sanitarias a nivel mundial, creando un conjunto más uniforme de estándares que los fabricantes de medicamentos y dispositivos médicos deben seguir, independientemente del país en el que operen.

Esta armonización es beneficiosa en varios aspectos. En primer lugar, facilita el acceso a medicamentos y dispositivos seguros y eficaces en diferentes partes del mundo, asegurando que los productos que cumplen con los exigentes estándares de una de estas agencias sean aceptados en otros mercados con menos burocracia. Esto es particularmente importante en emergencias sanitarias globales, donde la rápida disponibilidad de tratamientos puede salvar vidas. Por ejemplo, durante la pandemia de COVID-19, la coordinación y alineación regulatoria entre la FDA, la EMA y otras agencias fue fundamental para la rápida distribución global de vacunas seguras y eficaces.

Además, la estandarización de las normas y prácticas sanitarias promueve la eficiencia en el desarrollo y comercialización de nuevos medicamentos y dispositivos. Las empresas farmacéuticas y de dispositivos médicos pueden planificar sus estrategias de desarrollo y presentación regulatoria basándose en un conjunto de expectativas claras y ampliamente aceptadas, lo que reduce la redundancia y acelera el proceso de lanzamiento de nuevos productos al mercado.

Otro aspecto de la influencia global de estas agencias es el fortalecimiento de la confianza pública. Cuando los países adoptan estándares basados en las pautas de la FDA o la EMA, pueden aumentar la confianza de los consumidores en los productos aprobados, sabiendo que han pasado por rigurosos procesos de evaluación. Esta confianza es esencial para la aceptación de nuevas terapias y tecnologías sanitarias, especialmente en regiones donde la capacidad regulatoria local puede ser más limitada.

Finalmente, el liderazgo de la FDA y la EMA en la estandarización regulatoria global también facilita la colaboración internacional en áreas críticas como la lucha contra la falsificación de medicamentos y el control de calidad de los productos sanitarios. Al promover normas y prácticas armonizadas, estas agencias ayudan a crear un entorno más seguro y confiable para la producción y distribución de medicamentos y dispositivos médicos en todo el mundo.

Innovación y Acceso a Medicamentos

Las agencias reguladoras desempeñan un papel clave en la promoción de la innovación en la atención sanitaria al proporcionar vías regulatorias claras y predecibles para aprobar nuevos tratamientos. Este apoyo es esencial para estimular el desarrollo de nuevas terapias y tecnologías, brindando a las empresas farmacéuticas y de biotecnología la orientación que necesitan para navegar por el complejo proceso de aprobación. Al establecer procedimientos regulatorios bien definidos, estas agencias reducen la incertidumbre para los desarrolladores de nuevos productos, fomentando la investigación y el desarrollo de tratamientos innovadores que puedan abordar necesidades médicas no satisfechas.

Sin embargo, las agencias reguladoras también enfrentan el desafío de equilibrar esta promoción de la innovación con la responsabilidad crucial de proteger la salud pública. Para garantizar que los nuevos productos sean seguros y eficaces, estas agencias exigen que los tratamientos emergentes se sometan a evaluaciones científicas rigurosas antes de ponerse a disposición del público. Este proceso implica un análisis detallado de datos clínicos, estudios toxicológicos y otro tipo de evidencia que demuestra que el beneficio del nuevo tratamiento supera los riesgos potenciales. Las agencias deben mantener un delicado equilibrio entre la velocidad de aprobación de nuevos tratamientos y la necesidad de garantizar que los pacientes no estén expuestos a riesgos innecesarios.

Además de facilitar el desarrollo de nuevos medicamentos, las agencias reguladoras también desempeñan un papel importante en la promoción del acceso equitativo a los tratamientos, especialmente mediante la aprobación de medicamentos genéricos y biosimilares. Los medicamentos genéricos, que son versiones equivalentes de medicamentos de marca cuyas patentes han expirado, ofrecen la misma eficacia terapéutica a un costo significativamente menor. Las agencias reguladoras, al establecer procesos eficientes para la aprobación de genéricos, ayudan a reducir los costos de los medicamentos, haciéndolos más accesibles para una población más amplia.

Asimismo, los biosimilares, que son versiones muy similares de medicamentos biológicos innovadores, también contribuyen a reducir costes y aumentar la accesibilidad de los tratamientos.

La aprobación de estos medicamentos requiere que las agencias reguladoras realicen evaluaciones detalladas para garantizar que los biosimilares sean seguros, eficaces y comparables a sus productos de referencia. Al promover políticas que alientan el desarrollo y la aprobación de genéricos y biosimilares, las agencias reguladoras desempeñan un papel vital en la democratización del acceso a tratamientos de alta calidad, especialmente en países donde los costos de los medicamentos pueden ser prohibitivos.

Colaboración internacional

La colaboración entre agencias reguladoras es fundamental para abordar desafíos de salud globales como las pandemias, la resistencia a los antimicrobianos y la propagación de enfermedades emergentes. En un mundo cada vez más interconectado, donde las amenazas a la salud pública pueden extenderse rápidamente a través de las fronteras, la cooperación internacional entre estas agencias se vuelve crucial para la eficacia de las respuestas regulatorias.

A través de redes internacionales como la Coalición Internacional de

Autoridades Reguladoras de Medicamentos (ICMRA), las agencias reguladoras comparten información, mejores prácticas y coordinan esfuerzos para responder a las crisis de salud pública de manera eficaz y ágil. ICMRA, en particular, actúa como una plataforma para la colaboración global entre agencias reguladoras, facilitando el intercambio de datos y promoviendo la armonización de estándares y directrices a nivel internacional. Esta cooperación permite a las agencias trabajar juntas para acelerar la aprobación de tratamientos y vacunas en situaciones de emergencia, garantizar la calidad y seguridad de los medicamentos y abordar problemas de salud complejos que requieren una respuesta coordinada.

La pandemia de COVID-19 ha puesto de relieve la importancia de esta colaboración global. Durante la crisis, el rápido intercambio de información entre agencias reguladoras fue fundamental para el desarrollo y aprobación de vacunas y tratamientos en un tiempo récord. La coordinación entre la FDA, la EMA, la ANVISA y otras agencias reguladoras fue fundamental para garantizar que las vacunas desarrolladas fueran seguras, eficaces y estuvieran disponibles a nivel mundial de manera equitativa. Además, la colaboración en estudios clínicos internacionales, vigilancia poscomercialización y estrategias de distribución global fue vital para abordar los desafíos logísticos y científicos que presentó la pandemia.

Otro ejemplo crítico de la importancia de la colaboración internacional es la lucha contra la resistencia a los antimicrobianos, una de las mayores amenazas para la salud pública mundial. La resistencia a los antimicrobianos se produce cuando microorganismos, como bacterias, virus, hongos y parásitos, desarrollan resistencia a medicamentos que antes eran eficaces contra ellos, lo que hace que las infecciones sean más difíciles de tratar y aumenta el riesgo de propagación, gravedad y mortalidad. Responder a esta amenaza requiere coordinación global para monitorear el uso de antimicrobianos, promover la investigación y el desarrollo de nuevos medicamentos e implementar políticas que limiten el uso inadecuado de antibióticos.

La cooperación entre agencias reguladoras, como parte de redes internacionales, facilita la implementación de estrategias globales para combatir la resistencia a los antimicrobianos. Esto incluye desarrollar directrices armonizadas para el uso de antimicrobianos, supervisar la calidad de los medicamentos y apoyar la investigación de nuevas terapias y diagnósticos. La colaboración global también permite a las agencias compartir datos de vigilancia y coordinar campañas de divulgación para educar a los profesionales de la salud y al público sobre el uso racional de los antimicrobianos.

En resumen, las agencias reguladoras internacionales desempeñan un papel central en la protección de la salud pública mundial, abordando desafíos complejos y logrando éxitos significativos en la regulación de productos sanitarios. Su influencia en la práctica médica y la seguridad del paciente es innegable, y su trabajo continuo es esencial para garantizar que las innovaciones en atención médica sean seguras, efectivas y accesibles para todos.

CAPÍTULO 9: POLÍTICAS DE SALUD MUNDIALES

Objetivos e implementación

Las políticas de salud global son fundamentales para promover un estándar equitativo de salud pública en todo el mundo. Su objetivo no sólo es mejorar las condiciones de salud a nivel nacional, sino también promover la salud como un derecho humano universal. Los objetivos centrales de estas políticas incluyen erradicar enfermedades, promover sistemas de salud resilientes y garantizar el acceso equitativo a una atención médica de calidad para todas las poblaciones.

Objetivos de la política sanitaria mundial

Las políticas de salud globales tienen un enfoque central en prevenir y controlar las enfermedades transmisibles y no transmisibles, mejorar la salud materna e infantil, reducir la mortalidad por enfermedades prevenibles y promover la salud mental y el bienestar. Estos objetivos son fundamentales para lograr un nivel de salud más alto y equitativo a escala global y están estrechamente alineados con los Objetivos de Desarrollo

Sostenible (ODS) de las Naciones Unidas, en particular el ODS 3, cuyo objetivo es garantizar una vida sana y promover el bienestar. ser para todos, en todas las edades.

La prevención y el control de enfermedades transmisibles como el VIH/SIDA, la tuberculosis y la malaria siguen siendo prioridades centrales de las políticas sanitarias mundiales, dada su capacidad de provocar brotes y pandemias con impactos devastadores. Al mismo tiempo, la creciente carga de enfermedades no transmisibles (ENT), como la diabetes, las enfermedades cardiovasculares y el cáncer, está dando lugar a un mayor énfasis en la prevención, el diagnóstico temprano y el tratamiento de estas enfermedades, que ahora representan una de las principales causas de mortalidad. y morbilidad. en muchos países, incluidos los países en desarrollo.

Mejorar la salud materna e infantil es otro pilar de las políticas sanitarias mundiales, reconociendo que la salud de las mujeres y los niños es fundamental para el bienestar general de las comunidades. Los esfuerzos están dirigidos a reducir la mortalidad materna e infantil fortaleciendo los sistemas de salud, aumentando el acceso a la atención prenatal y posnatal y promoviendo una nutrición e inmunizaciones adecuadas. Reducir la mortalidad por enfermedades prevenibles, como las enfermedades infecciosas prevenibles mediante vacunas, sigue siendo un objetivo fundamental, especialmente en regiones donde el acceso a los servicios de salud aún es limitado.

Además, las políticas sanitarias mundiales reconocen cada vez más la importancia de la salud mental como componente integral del bienestar general. Promover la salud mental y apoyar a las personas que viven con trastornos de salud mental, así como integrar la salud mental en los servicios primarios de salud, se están convirtiendo en prioridades, ya que la evidencia muestra el impacto significativo de la salud mental en la salud física, la productividad y la calidad de vida.

Estos esfuerzos se guían no sólo por la búsqueda de mejores resultados de salud, sino también por la promoción de la equidad en salud. Las políticas de salud globales buscan abordar las disparidades que afectan a las poblaciones vulnerables y marginadas, que a menudo enfrentan barreras adicionales para acceder a una atención médica de calidad. Esto incluye implementar estrategias para llegar a poblaciones en áreas remotas, abordar las desigualdades de género y combatir la discriminación en todas sus formas dentro de los sistemas de salud.

En consonancia con el ODS 3, las políticas sanitarias mundiales apuntan a crear sistemas de salud más resilientes e inclusivos que puedan responder eficazmente a las crisis sanitarias y al mismo tiempo garantizar que el progreso sanitario sea sostenible y accesible para todos. Al promover la cooperación internacional, el intercambio de recursos y el intercambio de conocimientos, estas políticas contribuyen a construir un futuro más saludable y equitativo para todas las personas, independientemente de su ubicación geográfica o estatus socioeconómico.

Desafíos en la implementación

La implementación efectiva de políticas sanitarias globales enfrenta una serie de desafíos complejos que pueden comprometer el logro de los objetivos establecidos. Uno de los desafíos más importantes es la desigualdad económica entre países, que afecta directamente la capacidad de financiamiento y la infraestructura de salud. En los países de ingresos bajos y medianos, los recursos financieros limitados son una barrera crítica que impide la construcción y el mantenimiento de sistemas de salud sólidos. Esta falta de recursos, combinada con una infraestructura inadecuada y una escasez crónica de profesionales de la salud, hace que la implementación de políticas de salud integrales y sostenibles sea extremadamente difícil.

La desigualdad económica también se refleja en disparidades en el acceso a medicamentos, tecnología médica y otros recursos esenciales para la salud pública. Los países más pobres a menudo dependen de la ayuda internacional para llenar estos vacíos, lo que puede resultar en una dependencia que no es sostenible en el largo plazo. Además, la falta de infraestructura básica, como instalaciones de salud adecuadas, sistemas de suministro de agua potable y saneamiento, agrava los problemas de salud pública y obstaculiza la implementación de intervenciones que podrían ser efectivas en condiciones más favorables.

Otro desafío importante en la implementación de políticas de salud

globales es la resistencia cultural y
política a ciertas intervenciones de
salud pública. Los programas de
vacunación, por ejemplo, pueden
enfrentar oposición debido a creencias
religiosas, desinformación o
desconfianza en los gobiernos y las
instituciones internacionales. Del
mismo modo, las políticas de salud
sexual y reproductiva, que son
cruciales para mejorar la salud materna
e infantil, a menudo encuentran
resistencia en contextos donde estos
temas están altamente politizados o
donde prevalecen normas culturales que
se oponen a los métodos anticonceptivos
o la educación sexual.

Esta resistencia cultural y política no
sólo dificulta la implementación de
estas políticas, sino que también puede
llevar al fracaso de programas enteros,
incluso cuando se basan en evidencia
científica sólida. Superar estos
obstáculos requiere enfoques
culturalmente sensibles y una
comunicación efectiva que involucre a
las comunidades locales, los líderes
religiosos y los políticos para generar
confianza y apoyo a las iniciativas de
salud pública.

Además de estos desafíos, la
fragmentación de las políticas de salud

globales entre diferentes actores, como gobiernos, organizaciones no gubernamentales (ONG), instituciones internacionales y el sector privado, puede conducir a una falta de coordinación y duplicación de esfuerzos. Los diferentes actores suelen tener diferentes prioridades, agendas y metodologías, lo que puede dar lugar a intervenciones inconexas e ineficientes. Esta falta de coordinación puede desperdiciar recursos, reducir el impacto de las intervenciones y, en algunos casos, incluso crear confusión entre las comunidades a las que las políticas sanitarias globales pretenden ayudar.

Para superar estos desafíos, es esencial promover una mayor colaboración y coordinación entre todos los actores involucrados en la salud global. Esto incluye la creación de plataformas de gobernanza global más integradas donde se puedan alinear las prioridades y los recursos se puedan distribuir de manera más eficiente. También es fundamental fortalecer la capacidad de los sistemas de salud en los países de ingresos bajos y medios, invirtiendo en infraestructura, formación de profesionales de la salud y sistemas de financiación sostenibles.

La implementación de políticas
sanitarias mundiales también suele
verse obstaculizada por crisis
emergentes, como pandemias, conflictos
armados y desastres naturales, que
desvían recursos y atención de los
objetivos a largo plazo hacia las
respuestas de emergencia. La pandemia
de COVID-19 es un claro ejemplo de cómo
una crisis global puede desafiar la
implementación de políticas de salud
preexistentes, exigiendo una
reevaluación de las prioridades y una
rápida adaptación a las nuevas
realidades.

Análisis comparativo de políticas

Un análisis comparativo de las
políticas de salud pública en
diferentes regiones revela cómo los
contextos económicos, sociales y
culturales influyen en la formulación e
implementación de estas políticas. Al
comparar diferentes enfoques, es
posible identificar mejores prácticas y
desafíos comunes que pueden informar
futuras políticas de salud global.

Políticas de salud en países de altos ingresos

En países de altos ingresos como
Estados Unidos, Alemania y Japón, las

políticas de salud pública generalmente
están determinadas por sistemas de
salud bien financiados y regulados con
un fuerte enfoque en la prevención de
enfermedades y la promoción de la
salud. Estos países cuentan con
recursos sustanciales para invertir en
tecnologías sanitarias avanzadas,
programas integrales de vacunación e
iniciativas de salud mental, lo que les
permite mantener altos estándares de
atención médica y lograr mejores
resultados de salud pública.

Estos sistemas de salud bien
estructurados y financiados también se
caracterizan por un fuerte compromiso
con la investigación y el desarrollo de
nuevas tecnologías médicas, que van
desde tratamientos innovadores hasta la
implementación de sistemas de salud
digitales que mejoran el acceso y la
calidad de la atención. Además, las
políticas públicas promueven y apoyan
ampliamente la cobertura de vacunación,
lo que ayuda a controlar y, en muchos
casos, erradicar enfermedades
infecciosas que aún prevalecen en otras
partes del mundo. Los programas de
salud mental también están recibiendo
cada vez más atención, y se están
realizando esfuerzos para integrar el
tratamiento de los trastornos mentales

en la atención primaria, lo que refleja
un enfoque más holístico de la salud.

Sin embargo, incluso en los países de
ingresos altos, estos sistemas de salud
enfrentan desafíos importantes. Uno de
los principales problemas es el
continuo aumento de los costes
sanitarios. El desarrollo de nuevas
tecnologías y tratamientos, si bien es
beneficioso, a menudo conlleva un coste
elevado, que puede suponer una carga
tanto para los sistemas sanitarios como
para las personas. Además, el
envejecimiento de la población
representa otro desafío crítico,
particularmente en países como Japón,
que tiene una de las poblaciones más
envejecidas del mundo. Una mayor
longevidad, aunque deseable, trae
consigo un aumento de la prevalencia de
enfermedades crónicas y de la demanda
de cuidados a largo plazo, lo que
ejerce una presión adicional sobre los
sistemas de salud.

Por lo tanto, la gestión de las
enfermedades crónicas es una prioridad
en estos países, donde prevalecen
enfermedades como la diabetes, la
hipertensión y las enfermedades
cardiovasculares. Estos desafíos
requieren la implementación de
políticas que fomenten la prevención y

el manejo efectivo de estas
condiciones, además de promover estilos
de vida saludables entre la población
en general. Los programas de
seguimiento continuo, la educación
sanitaria y el uso de tecnología, como
dispositivos portátiles y telemedicina,
se integran cada vez más en la atención
sanitaria para ayudar a gestionar estas
afecciones de forma más eficaz.

En Estados Unidos, por ejemplo, la Ley
de Atención Médica Asequible (ACA)
representa un intento importante de
abordar algunos de estos desafíos,
particularmente con respecto al acceso
a la atención médica. La ACA amplió
significativamente el acceso al seguro
médico para millones de
estadounidenses, incluidos aquellos con
enfermedades preexistentes que
anteriormente luchaban por obtener
cobertura. Sin embargo, el sistema de
salud estadounidense todavía enfrenta
desafíos continuos en términos de
equidad y costo. Aunque la ACA ha
mejorado el acceso a la atención
médica, la disparidad en el acceso y el
aumento de los costos de la atención
médica siguen siendo temas centrales,
con debates políticos y sociales sobre
la mejor manera de abordar estos
problemas.

En Alemania y Japón, aunque los
sistemas de salud son en gran medida
accesibles y financiados con fondos
públicos, existe una presión cada vez
mayor para encontrar soluciones
sostenibles para el financiamiento de
la atención médica frente al
envejecimiento de la población y el
aumento de los costos de los cuidados a
largo plazo. término. Estos países
están explorando diversas estrategias,
como reformas de las políticas de
seguro médico, incentivos para la
prevención y promoción de la atención
primaria de salud para mitigar los
costos y mejorar la eficiencia del
sistema.

Políticas de salud en países de ingresos bajos y medios

A diferencia de los países de ingresos
altos, los países de ingresos bajos y
medios, como India, Nigeria y
Bangladesh, enfrentan importantes
desafíos relacionados con el
financiamiento, la infraestructura y el
acceso a la atención médica. Estos
desafíos estructurales afectan
directamente la capacidad de estos
países para implementar políticas de
salud pública efectivas, que a menudo
deben adaptarse para abordar

condiciones y contextos locales
específicos.

Las políticas de salud pública en estos
países generalmente se centran en la
lucha contra las enfermedades
infecciosas, que todavía representan
una carga importante de morbilidad y
mortalidad. Enfermedades como la
malaria, la tuberculosis y el VIH/SIDA
siguen siendo amenazas importantes para
la salud pública y requieren la
implementación de programas integrales
de control y tratamiento. Mejorar la
salud materna e infantil también es una
prioridad, con esfuerzos destinados a
reducir las altas tasas de mortalidad
materna e infantil, que se ven
exacerbadas por factores como la
desnutrición, la falta de acceso a la
atención prenatal y las condiciones
insalubres.

Los programas de vacunación son una de
las estrategias más comunes y efectivas
implementadas en estos países para
combatir enfermedades prevenibles. Sin
embargo, la eficacia de estos programas
puede verse limitada por varios
factores, incluida la falta de
infraestructura adecuada para almacenar
y distribuir vacunas, la resistencia
cultural a las vacunas, la
desinformación y la pobreza

generalizada que dificulta el acceso a los servicios de salud. La falta de profesionales de la salud calificados y bien capacitados, especialmente en áreas rurales y remotas, también agrava estos desafíos, dificultando la administración efectiva de vacunas y otros cuidados esenciales.

Por ejemplo, en la India, el Programa Nacional de Control de la Tuberculosis (RNTCP) es una política clave en la lucha contra la tuberculosis, una enfermedad que sigue afectando a millones de personas en el país. La RNTCP implementa una estrategia de diagnóstico, tratamiento y seguimiento que ha sido crucial para controlar la propagación de la enfermedad. Sin embargo, el programa enfrenta desafíos importantes, especialmente en la detección y el tratamiento de la tuberculosis en áreas rurales y de difícil acceso. La infraestructura sanitaria en muchas de estas áreas es limitada y las barreras culturales y sociales pueden dificultar la adherencia al tratamiento, lo que lleva a la aparición de cepas resistentes a los medicamentos.

Además, en países como Nigeria y Bangladesh, la lucha contra las enfermedades infecciosas y la mejora de la salud materna e infantil a menudo se ven obstaculizadas por la falta de financiación sostenible y la dependencia de la ayuda internacional. Aunque las campañas de educación sanitaria son habituales y necesarias para crear conciencia y promover prácticas sanitarias, su eficacia suele verse comprometida por la pobreza y el bajo nivel educativo en algunas comunidades. La resistencia cultural a determinadas intervenciones de salud pública, como el uso de anticonceptivos o la aceptación de vacunas, también puede limitar el impacto de estas campañas.

Otro desafío importante es la fragmentación de los sistemas de salud y la falta de coordinación entre los diferentes niveles de gobierno y las organizaciones no gubernamentales (ONG) que operan en el sector de la salud. Esto puede conducir a la duplicación de esfuerzos, el desperdicio de recursos y, en última instancia, una menor eficacia de las políticas de salud. La implementación de programas de salud pública en un entorno de recursos limitados requiere una estrecha coordinación entre diversos actores para maximizar el impacto y garantizar que las intervenciones lleguen a las poblaciones más necesitadas.

Políticas de salud en regiones en conflicto

En regiones afectadas por conflictos, como Oriente Medio y partes del África subsahariana, las políticas de salud pública a menudo están fragmentadas y enfrentan desafíos considerables en su implementación. La inseguridad generalizada, la destrucción de la infraestructura sanitaria y la migración forzada de grandes poblaciones complican enormemente los esfuerzos por proporcionar atención sanitaria básica y sostenible. En estos contextos, los sistemas de salud locales, ya debilitados por la falta de recursos y largos períodos de inestabilidad, a menudo se encuentran colapsados, incapaces de satisfacer las necesidades de la población.

La destrucción de hospitales, clínicas y otros servicios de salud esenciales, junto con la pérdida de profesionales de la salud que se ven obligados a huir o perder la vida durante los conflictos, crea una brecha crítica en la prestación de atención médica. Además, la migración forzada de millones de personas, que buscan refugio en otras regiones o países, sobrecarga los sistemas de salud de las zonas receptoras, que a menudo ya están

funcionando al límite de su capacidad.
Esto da como resultado una situación en
la que el acceso a la atención
sanitaria, que ya era limitado, se
vuelve prácticamente inexistente para
muchos.

En este escenario, las organizaciones
internacionales, como la Organización
Mundial de la Salud (OMS) y Médicos Sin
Fronteras, desempeñan un papel vital en
la prestación de servicios de salud y
la coordinación de las respuestas
humanitarias. Estas organizaciones
intervienen para brindar atención
médica de emergencia, vacunas,
asistencia nutricional y apoyo
psicológico, a menudo en condiciones
extremadamente difíciles. También
trabajan para restablecer cierto nivel
de servicios de salud, incluso los
básicos, y para garantizar que las
poblaciones afectadas tengan acceso a
atención esencial, como vacunas,
tratamiento de enfermedades infecciosas
y atención maternoinfantil.

Siria, por ejemplo, es un caso
emblemático de los desafíos extremos
que enfrenta en términos de acceso a la
atención médica debido al prolongado
conflicto. Desde el inicio de la guerra
civil, la infraestructura sanitaria del
país ha sufrido graves daños y el

sistema sanitario se ha fragmentado en diferentes áreas de control, con capacidades extremadamente desiguales. En muchas partes del país, el acceso a medicamentos, equipos médicos y profesionales de la salud es extremadamente limitado. En respuesta, las políticas de salud en las zonas controladas por el gobierno y la oposición se han centrado principalmente en esfuerzos de emergencia para brindar atención esencial y campañas de vacunación, a menudo llevadas a cabo en condiciones de extrema inseguridad.

Médicos Sin Fronteras y otras organizaciones humanitarias han sido fundamentales para brindar atención médica en Siria, operando en zonas de difícil acceso y bajo constante amenaza de violencia. Brindan apoyo logístico, medicamentos y personal médico, además de coordinar con otras entidades para maximizar el alcance de las operaciones de socorro. La OMS también desempeña un papel crucial en la coordinación de los esfuerzos internacionales, brindando orientación técnica y recursos para ayudar a controlar los brotes de enfermedades y garantizar la continuidad de los servicios de salud en medio del caos del conflicto.

Se observan situaciones similares en partes del África subsahariana, donde conflictos prolongados, como los de la República Centroafricana y Sudán del Sur, han dado lugar a crisis humanitarias con enormes necesidades de salud. En estos contextos, la inseguridad impide la implementación de políticas de salud a largo plazo, y la mayoría de los esfuerzos se centran en intervenciones de emergencia y programas de salud pública a corto plazo, que intentan mitigar los impactos inmediatos del conflicto en la salud de las poblaciones.

Impacto en las condiciones de salud

Las políticas de salud pública tienen un impacto directo y significativo en las condiciones de salud de las poblaciones. La eficacia de estas políticas puede determinar la calidad de la atención sanitaria, el acceso a los servicios médicos y la equidad sanitaria en diferentes regiones del mundo.

Calidad de la atención médica

Las políticas de salud bien formuladas e implementadas tienen el potencial de mejorar significativamente la calidad de la atención médica brindada a las poblaciones. Cuando estas políticas se desarrollan sobre la base de evidencia científica sólida y se adaptan al contexto local, pueden transformar el sistema de salud, elevando los estándares de atención y, en consecuencia, los resultados de salud.

Uno de los pilares fundamentales para la mejora continua de la asistencia sanitaria es el fomento de la formación continua de los profesionales sanitarios. Las políticas que fomentan la formación y actualización constante de médicos, enfermeras y otros profesionales de la salud garantizan que estén siempre informados sobre las últimas prácticas y avances médicos. Esta educación continua es esencial para mantener la competencia profesional y garantizar que los tratamientos administrados sean lo más efectivos y seguros posible. Además, al estandarizar los protocolos de tratamiento, las políticas sanitarias contribuyen a la uniformidad de la práctica clínica, reduciendo la variabilidad en la atención y minimizando el riesgo de errores.

La implementación de sistemas de seguimiento de la calidad es otra estrategia crucial para mejorar la atención sanitaria. Las políticas que establecen indicadores claros de desempeño y sistemas de auditoría periódica ayudan a identificar áreas donde se puede mejorar la atención. Estas medidas permiten la corrección de problemas antes de que resulten en daño a los pacientes y promueven una cultura de responsabilidad y mejora continua dentro de las instituciones de atención médica.

Se ha demostrado que la introducción de políticas de seguridad del paciente es particularmente eficaz para reducir los errores médicos y mejorar los resultados clínicos. Un ejemplo notable es el uso de listas de verificación quirúrgica, una práctica ahora ampliamente adoptada en muchos sistemas de atención médica de alta calidad. Estas listas de verificación garantizan que se sigan todos los pasos críticos de un procedimiento quirúrgico, desde la confirmación de la identidad del paciente y el sitio quirúrgico hasta la verificación final de los instrumentos utilizados. Los estudios han demostrado que el uso de listas de verificación quirúrgica reduce significativamente la incidencia de complicaciones y mortalidad asociadas con los procedimientos quirúrgicos, lo que refuerza la importancia de políticas de

seguridad del paciente bien
estructuradas.

En los países de ingresos altos, donde
las políticas de salud suelen
implementarse más fácilmente debido a
mejores recursos financieros,
infraestructura y sistemas de
gobernanza más sólidos, se observa una
calidad de atención de salud
consistentemente alta. Estas políticas
bien establecidas permiten la creación
de un entorno sanitario que prioriza la
seguridad del paciente, la eficiencia
del tratamiento y la equidad en el
acceso a los servicios sanitarios.

Por el contrario, en los países de
bajos ingresos, la ausencia o la falta
de implementación de tales políticas
puede conducir a una atención médica
inconsistente y, en muchos casos,
peligrosa. La falta de recursos,
infraestructura inadecuada y escasez de
profesionales de la salud capacitados
son factores que dificultan la adopción
y ejecución efectiva de políticas de
calidad y seguridad. Como resultado,
los pacientes de los países de bajos
ingresos suelen estar expuestos a
mayores riesgos, como infecciones
intrahospitalarias, errores de
medicación y diagnósticos erróneos, que

pueden tener como resultado resultados de salud adversos.

Acceso a servicios de salud

La accesibilidad a la atención de salud es un aspecto fundamental directamente influenciado por las políticas de salud, y su efectividad puede determinar la equidad y los resultados de salud en una población. Las políticas que garantizan la cobertura sanitaria universal tienen el poder de transformar el acceso a la atención sanitaria eliminando las barreras financieras que a menudo impiden que las personas busquen los servicios que necesitan.

En países con sistemas nacionales de salud, como el Reino Unido y Canadá, la cobertura sanitaria universal es un principio central. Estos sistemas están diseñados para garantizar que toda la población tenga acceso a una amplia gama de servicios médicos esenciales, independientemente de su capacidad de pago. Esto incluye todo, desde citas y exámenes médicos básicos hasta tratamientos más complejos, como cirugía y cuidados a largo plazo. La ausencia de barreras financieras para el acceso a la atención médica en estos países es fundamental para promover la equidad en salud al garantizar que todos, independientemente de su estatus socioeconómico, puedan recibir la atención que necesitan. Además, estos sistemas de salud pública suelen ir acompañados de políticas que fomentan la prevención y el tratamiento temprano, lo que puede reducir las desigualdades en salud y mejorar los resultados de salud a largo plazo.

Por el contrario, en los países donde la cobertura sanitaria es limitada o inexistente, muchas personas quedan excluidas de los servicios de salud, lo que genera importantes disparidades en los resultados de salud. En estos países, los altos costos de la atención médica, combinados con la falta de un seguro médico asequible, significan que una gran parte de la población no puede pagar los servicios médicos esenciales. Esto da como resultado un sistema en el que sólo quienes pueden permitírselo reciben atención adecuada, mientras que los más pobres enfrentan barreras casi insuperables para acceder incluso a los servicios de salud más básicos.

Esta situación es particularmente crítica en muchos países africanos, donde la falta de acceso a atención sanitaria básica, como vacunas, servicios de salud reproductiva y tratamiento de enfermedades infecciosas, contribuye a las altas tasas de mortalidad infantil y materna. La ausencia de políticas efectivas que garanticen el acceso universal a estos servicios da como resultado un círculo vicioso de pobreza y enfermedad, donde las comunidades más vulnerables son las más afectadas. Por ejemplo, la falta de acceso a vacunas contribuye a la perpetuación de brotes de enfermedades prevenibles, mientras que la escasez de servicios de salud reproductiva genera complicaciones evitables durante el embarazo y el parto, lo que resulta en muertes evitables.

Además, la ausencia de una red de salud pública sólida en muchos de estos países significa que las crisis sanitarias, como los brotes de enfermedades o las emergencias de salud pública, son mucho más difíciles de gestionar. La falta de infraestructura, recursos humanos y financieros y la dependencia de la asistencia internacional dificultan la implementación de respuestas efectivas a estas crisis, lo que exacerba aún más las desigualdades en salud.

Por lo tanto, las políticas de salud que garanticen la accesibilidad son esenciales para reducir estas disparidades y mejorar los resultados de salud a nivel mundial. Implementar sistemas de salud que ofrezcan cobertura universal y sean financieramente sostenibles es crucial para garantizar que todas las personas, independientemente de su ubicación geográfica o situación económica, tengan acceso a la atención médica que necesitan. Sin tales políticas, las desigualdades en salud seguirán aumentando, perpetuando un ciclo de exclusión y desventaja para las poblaciones más vulnerables.

Equidad en salud

La equidad es un principio fundamental de las políticas sanitarias globales, esencial para garantizar que todas las personas, independientemente de su situación socioeconómica, geográfica o cultural, tengan acceso a una atención sanitaria de calidad. Las políticas de salud eficaces que integran el principio de equidad están diseñadas para abordar y reducir las disparidades de salud que existen entre diferentes grupos de población, promoviendo la justicia social y mejorando los resultados de salud de los más vulnerables.

La implementación de políticas de salud basadas en la equidad es crucial para crear sistemas de salud que no sólo traten eficazmente las necesidades médicas sino que también aborden las causas subyacentes de las inequidades en salud. Estas políticas incluyen medidas como ampliar el acceso a la atención primaria en áreas rurales y remotas, brindar atención médica subsidiada o gratuita para poblaciones de bajos ingresos y promover programas específicos que apuntan a reducir las barreras culturales y lingüísticas para acceder a los servicios de salud. servicios de salud. Al dirigir recursos y esfuerzos a las poblaciones más marginadas, las políticas de salud equitativas buscan garantizar que las personas que más necesitan atención sean las que más se beneficien de las intervenciones de salud pública.

Por ejemplo, implementar programas de salud maternoinfantil en comunidades vulnerables puede ayudar a reducir significativamente las tasas de mortalidad materna e infantil, que suelen ser más altas entre los grupos de población más desfavorecidos. Asimismo, las iniciativas que apuntan a mejorar el acceso a vacunas y tratamientos para enfermedades crónicas en poblaciones marginadas contribuyen a reducir las disparidades en salud y construir una sociedad más justa y saludable.

Sin embargo, lograr la equidad en salud sigue siendo un desafío importante, especialmente en regiones donde los sistemas de salud son débiles o donde las políticas públicas son insuficientes para abordar las desigualdades estructurales. En muchos países de ingresos bajos y medianos, los sistemas de salud están sobrecargados y carecen de fondos suficientes, lo que dificulta la implementación de políticas de salud equitativas. En estas regiones, las desigualdades en salud a menudo se ven exacerbadas por factores como la pobreza, la discriminación social, la falta de infraestructura y la ausencia de cobertura sanitaria universal.

Además, en contextos donde las políticas públicas no están diseñadas para abordar directamente las desigualdades estructurales, las disparidades en salud tienden a persistir o incluso aumentar. Las desigualdades estructurales, como el acceso desigual a la educación, el empleo y la vivienda, tienen un profundo impacto en la salud de las poblaciones y deben abordarse de manera

integrada e intersectorial. Las
políticas de salud aisladas, sin un
enfoque holístico que considere estos
determinantes sociales de la salud,
pueden tener una eficacia limitada para
promover la equidad.

Además, la resistencia política y
cultural al cambio también puede ser un
obstáculo para implementar políticas de
salud equitativas. En algunos
contextos, la asignación de recursos a
grupos marginados puede considerarse
controvertida y la falta de voluntad
política para abordar las desigualdades
puede impedir el progreso. Superar
estos desafíos requiere un liderazgo
político fuerte, participación
comunitaria y un enfoque basado en
evidencia que demuestre los beneficios
a largo plazo de un sistema de salud
más equitativo.

En resumen, las políticas sanitarias
globales desempeñan un papel crucial a
la hora de determinar las condiciones
de salud en todo el mundo. El análisis
comparativo de las políticas y sus
impactos revela la importancia de un
enfoque coordinado y basado en
evidencia para abordar los desafíos de
salud globales, promover la equidad y
garantizar que todos tengan acceso a
una atención médica de calidad.

CAPÍTULO 10: DERECHO DE SALUD Y SU APLICACIÓN INTERNACIONAL

Concepto e Importancia del Derecho Sanitario

El derecho sanitario es un campo interdisciplinario que abarca el conjunto de normas, reglamentos y políticas públicas diseñadas para proteger y promover la salud pública. Establece la base legal para crear políticas de salud, regular las prácticas médicas, prevenir enfermedades y responder a emergencias de salud pública. La legislación sanitaria es esencial para garantizar que los gobiernos tengan la autoridad y los recursos necesarios para proteger la salud de las poblaciones, asegurando que las intervenciones de salud pública sean efectivas, equitativas y basadas en evidencia científica.

Importancia de la Ley de Salud

La importancia de la ley de salud se destaca por su capacidad de proporcionar un marco legal sólido para la implementación efectiva de políticas de salud pública tanto a nivel nacional como internacional. La legislación sanitaria sirve de base para que los gobiernos regulen actividades que tienen un impacto directo en la salud pública, abarcando áreas tan diversas como la producción y distribución de alimentos y medicinas, la gestión de residuos, la prevención de enfermedades infecciosas y la respuesta a emergencias sanitarias, como como pandemias.

Al establecer reglas y regulaciones claras, la ley de salud permite a los gobiernos adoptar medidas preventivas y de control para proteger la salud pública. Por ejemplo, regula la seguridad alimentaria y farmacéutica, garantizando que los alimentos y medicamentos que consume la población sean seguros y de alta calidad. Además, orienta una gestión adecuada de los residuos, previniendo la contaminación ambiental que podría provocar brotes de enfermedades. La ley de salud también proporciona la base legal para implementar programas de vacunación masiva, control de vectores y otras estrategias esenciales para la prevención de enfermedades infecciosas.

En tiempos de crisis, como durante las pandemias, la legislación sanitaria se vuelve aún más crucial, ya que proporciona el marco necesario para que las autoridades sanitarias puedan responder rápida y coordinadamente. La pandemia de COVID-19 ejemplificó cómo se puede utilizar el derecho sanitario para regular y coordinar la implementación de medidas como cuarentenas, aislamiento social, uso de mascarillas y vacunación masiva, buscando mitigar la propagación del virus y proteger a la población.

Además de su función reguladora, el derecho sanitario desempeña un papel esencial en la protección de los derechos individuales durante la implementación de medidas de salud pública. Busca equilibrar las necesidades de la comunidad con la protección de las libertades individuales, asegurando que las acciones gubernamentales, incluso en situaciones de emergencia, sean proporcionadas, no discriminatorias y estén basadas en evidencia científica. Esto es especialmente importante en contextos donde medidas como el confinamiento, la vacunación obligatoria o las restricciones de movimiento pueden afectar significativamente las libertades personales. La ley de salud garantiza que tales medidas se implementen de manera justa y con el debido proceso legal, protegiendo tanto la salud pública como los derechos humanos.

En un contexto global, el derecho sanitario también desempeña un papel crucial en la coordinación de las respuestas internacionales a las emergencias sanitarias. Durante crisis sanitarias que trascienden fronteras, como las pandemias, la armonización de acciones entre diferentes países se vuelve vital para garantizar una respuesta efectiva. El derecho sanitario internacional, como el Reglamento Sanitario Internacional (RSI), proporciona el marco para que los países cooperen y adopten medidas coordinadas, garantizando que las respuestas sean alineadas, consistentes y basadas en principios comunes. Esto incluye compartir información crítica, coordinar medidas de control fronterizo y apoyarse mutuamente en recursos médicos y técnicos.

Aplicación en diferentes contextos

La aplicación de la legislación sanitaria varía ampliamente entre diferentes países y culturas, lo que refleja diversidades jurídicas, políticas y sociales. Cada país adapta las normas de derecho sanitario a sus necesidades específicas, teniendo en cuenta factores como el sistema jurídico existente, la infraestructura sanitaria, las condiciones epidemiológicas y las creencias culturales.

Países con sistemas legales consolidados

En países con sistemas legales bien establecidos, como Estados Unidos, Alemania y Japón, las leyes de salud están cuidadosamente codificadas e implementadas, asegurando un marco sólido para la protección y promoción de la salud pública. Estos países cuentan con un conjunto integral de leyes y regulaciones que cubren todas las áreas esenciales de la salud pública, desde la seguridad alimentaria y la regulación de medicamentos hasta la gestión de emergencias sanitarias y la protección contra enfermedades infecciosas.

En Estados Unidos, por ejemplo, la Ley del Servicio de Salud Pública es uno de los principales instrumentos legales que otorga al gobierno federal la autoridad necesaria para adoptar medidas para proteger la salud pública en todo el país. Esta ley permite al gobierno implementar una amplia gama de acciones, como imponer cuarentenas, vacunación obligatoria en situaciones de emergencia y otras medidas de control de enfermedades. La Ley de

Salud Pública también proporciona la base para la coordinación entre diferentes agencias federales, estatales y locales, asegurando que las respuestas a las amenazas a la salud pública sean rápidas, efectivas y bien coordinadas.

En Alemania, la legislación sanitaria es igualmente estricta y completa, con leyes detalladas que regulan la salud pública en todas sus dimensiones. El país tiene un sistema de salud altamente organizado, donde la legislación sanitaria desempeña un papel central en la regulación de las prácticas médicas, la seguridad de los alimentos y medicamentos y la respuesta a las emergencias sanitarias. La Ley de Protección contra Infecciones (Infektionsschutzgesetz), por ejemplo, establece la base legal para la prevención y el control de enfermedades infecciosas, permitiendo a las autoridades tomar medidas como aislar pacientes, cerrar establecimientos y otras acciones necesarias para contener brotes de enfermedades.

En Japón, la legislación sanitaria también está fuertemente codificada e implementada, lo que refleja la importancia que se atribuye a la salud pública en un país con una población

densa y una alta esperanza de vida. El
sistema legal japonés incluye una serie
de leyes y regulaciones que abordan
temas como la seguridad alimentaria, la
regulación de productos farmacéuticos y
dispositivos médicos y la respuesta a
emergencias de salud pública. La Ley de
Medidas Especiales para la Preparación
y Respuesta a la Gripe Pandémica y
Nuevas Enfermedades Infecciosas es un
ejemplo de legislación que permite al
gobierno japonés tomar medidas
integrales para proteger la salud
pública durante brotes de enfermedades
infecciosas, incluidas restricciones de
movimiento, aislamiento y cuarentena.

La aplicación de estas leyes se ve
reforzada por sistemas judiciales
sólidos que garantizan tanto el
cumplimiento de las normas sanitarias
como la protección de los derechos de
los ciudadanos. En Estados Unidos, por
ejemplo, el sistema judicial desempeña
un papel crucial en la interpretación y
aplicación de la legislación sanitaria,
asegurando que las medidas adoptadas
por las autoridades sanitarias estén
legalmente justificadas y sean
proporcionales a la amenaza que
enfrentan. Lo mismo se aplica a
Alemania y Japón, donde los sistemas
judiciales garantizan que las
intervenciones de salud pública se

lleven a cabo de conformidad con el estado de derecho, protegiendo al mismo tiempo la salud pública y los derechos individuales.

Este sólido marco legal e institucional permite a estos países implementar políticas de salud pública de manera efectiva, asegurando que las medidas necesarias para proteger la salud de la población puedan aplicarse de manera rápida y coordinada, especialmente en tiempos de crisis. Además, la existencia de un sistema jurídico bien establecido y respetado aumenta la confianza pública en las medidas adoptadas, facilitando el cumplimiento de las directrices de las autoridades sanitarias por parte de la población.

Países en desarrollo

En muchos países en desarrollo, la aplicación de la legislación sanitaria enfrenta desafíos considerables que limitan la eficacia de las políticas de salud pública. La falta de recursos financieros y humanos es uno de los principales obstáculos. Los sistemas de salud con fondos insuficientes y equipamiento insuficiente tienen dificultades para implementar y hacer cumplir las leyes de salud pública, lo que compromete su capacidad para responder eficazmente a los brotes de enfermedades, garantizar la seguridad alimentaria y administrar programas de vacunación a gran escala. La escasez de profesionales sanitarios cualificados y la insuficiencia de la infraestructura sanitaria hacen que la aplicación de la legislación sanitaria sea un desafío aún mayor.

La corrupción también juega un papel importante al obstaculizar la implementación efectiva de las leyes de salud pública. En muchos contextos, la corrupción puede socavar la autoridad de las instituciones de salud, desviando recursos esenciales y debilitando la supervisión de los estándares de salud. Esto crea un entorno en el que las leyes, incluso si existen sobre el papel, no se aplican de manera efectiva, lo que lleva a un desprecio generalizado por las regulaciones y pone en riesgo la salud pública.

Además, la ausencia de un sistema jurídico sólido capaz de respaldar y hacer cumplir las leyes de salud pública es un desafío importante en muchos países en desarrollo. Los sistemas judiciales débiles o ineficaces, que pueden ser lentos, estar mal equipados o ser susceptibles a influencias externas, a menudo no logran garantizar que las leyes sanitarias se respeten y apliquen de manera consistente. Esto puede resultar en una aplicación desigual de las leyes, donde algunas comunidades o individuos logran evitar el cumplimiento de las normas de salud, mientras que otros son castigados injustamente.

Otro desafío importante es la necesidad de adaptar las políticas de salud pública a las prácticas y creencias culturales tradicionales. En muchos países en desarrollo, las prácticas culturales y las creencias religiosas o tradicionales profundamente arraigadas pueden entrar en conflicto con las normas legales de salud pública. Por ejemplo, en algunas regiones del África subsahariana, la resistencia cultural a la vacunación ha obstaculizado los esfuerzos por erradicar enfermedades prevenibles como el sarampión y la polio, incluso cuando existen leyes que exigen la vacunación obligatoria. Esta resistencia puede estar motivada por la desconfianza en los gobiernos o en la medicina moderna, influencias de líderes comunitarios o religiosos o simplemente una falta de información adecuada sobre los beneficios de la vacunación.

Adaptar las políticas de salud pública para alinearlas con las prácticas culturales locales es esencial, pero también un desafío. Las autoridades sanitarias deben encontrar formas de respetar e integrar las tradiciones locales y al mismo tiempo promover prácticas sanitarias que protejan a las comunidades contra enfermedades prevenibles. Esto puede implicar campañas de educación sanitaria que involucren a líderes comunitarios y religiosos, esfuerzos para aumentar la conciencia pública sobre los beneficios de las intervenciones de salud y generar confianza entre las comunidades locales y los proveedores de servicios de salud.

Por ejemplo, en algunas zonas rurales de África, los programas de vacunación exitosos han sido aquellos que involucraron a los líderes comunitarios desde el principio, asegurando que las campañas fueran vistas como una extensión de las prácticas de atención comunitaria en lugar de una imposición externa. Este tipo de enfoque colaborativo puede ayudar a superar la resistencia cultural y aumentar la adherencia a las medidas de salud pública.

Contextos de conflicto y crisis

En regiones afectadas por conflictos armados o crisis humanitarias, la aplicación de la legislación sanitaria se vuelve extremadamente compleja y desafiante. La inestabilidad política, combinada con la destrucción de infraestructura esencial como hospitales, clínicas y sistemas de agua, obstaculiza gravemente la implementación de políticas de salud pública y la prestación de atención médica adecuada. En estas situaciones, las condiciones de vida de la población se deterioran rápidamente y las necesidades de salud se vuelven más agudas y diversas, lo que requiere respuestas rápidas y coordinadas.

La destrucción de la infraestructura sanitaria es uno de los mayores obstáculos. En muchas zonas de conflicto, los hospitales son atacados o son inaccesibles, los trabajadores de la salud se ven obligados a huir o no pueden trabajar de manera segura y los suministros médicos escasean. Sin infraestructura básica, la implementación de políticas de salud pública, como campañas de vacunación, control de brotes de enfermedades infecciosas o programas de nutrición, se vuelve casi imposible.

En este escenario de crisis, organizaciones internacionales, como la Organización Mundial de la Salud (OMS), el Comité Internacional de la Cruz Roja (CICR) y Médicos Sin Fronteras, a menudo asumen un papel central en la prestación de servicios de salud y la aplicación de estándares sanitarios. . . Estas organizaciones trabajan para llenar los vacíos dejados por los sistemas de salud locales colapsados, brindando atención médica, vacunas, tratamiento para enfermedades infecciosas y apoyo nutricional, a menudo en condiciones extremadamente difíciles. Además, desempeñan un papel crucial en la coordinación de las respuestas humanitarias, asegurando que los recursos se distribuyan eficientemente y que las intervenciones se lleven a cabo de acuerdo con las normas internacionales de salud pública.

En contextos de conflicto, el derecho sanitario internacional, en particular los estándares establecidos por el Derecho Internacional Humanitario (DIH), es fundamental para garantizar que se satisfagan las necesidades básicas de salud de las poblaciones, incluso en medio de la violencia y la inestabilidad. El DIH, que incluye los tratados y convenios de Ginebra, establece reglas claras para la protección de los civiles y los servicios de salud en tiempos de guerra. Estas normas prohíben los ataques deliberados contra instalaciones de atención médica y garantizan que las organizaciones humanitarias puedan operar libremente para brindar asistencia médica a las poblaciones afectadas.

El DIH también establece la obligación de las partes en conflicto de facilitar el acceso a las necesidades médicas esenciales, como medicamentos y suministros, y de permitir la evacuación de los heridos y los enfermos. Sin embargo, la aplicación de estas normas no siempre está garantizada, especialmente en conflictos donde las partes involucradas no respetan el derecho internacional o donde el control territorial está fragmentado. En estos casos, las organizaciones humanitarias y las agencias de la ONU a menudo enfrentan enormes desafíos para garantizar que la asistencia llegue a quienes más la necesitan, y la seguridad de los trabajadores de la salud se convierte en una preocupación constante.

Un ejemplo de la complejidad de aplicar el derecho sanitario en regiones en conflicto es la crisis en Siria. Durante la guerra civil, la destrucción generalizada de la infraestructura sanitaria y los frecuentes ataques a hospitales obstaculizaron gravemente la prestación de atención médica. La respuesta humanitaria estuvo marcada por esfuerzos para garantizar que, a pesar de las dificultades, las poblaciones en zonas de conflicto recibieran algún nivel de asistencia médica, con la ayuda de organizaciones internacionales y bajo la protección, al menos teórica, del Derecho Internacional Humanitario.

Papel de las organizaciones internacionales

Las organizaciones internacionales, como la Organización Mundial de la Salud (OMS), desempeñan un papel crucial en la definición y aplicación del derecho sanitario internacional. Son responsables de establecer estándares de salud globales, coordinar las respuestas internacionales a las emergencias de salud pública y apoyar a los países en la implementación de sus propias políticas de salud.

Organización Mundial de la Salud (OMS)

La Organización Mundial de la Salud (OMS) desempeña un papel central en la coordinación de acciones de salud global y en la definición de directrices y estándares que guían las políticas de salud pública en todo el mundo. Como principal agencia de salud internacional, la OMS es responsable de promover la cooperación entre los países miembros, facilitando el intercambio de información, recursos y estrategias para abordar los desafíos de salud globales.

El Reglamento Sanitario Internacional (RSI) es uno de los instrumentos más importantes dentro del ámbito del derecho sanitario internacional, ejemplificando cómo la OMS ejerce su función de coordinación global. Adoptado por la OMS, el RSI es un acuerdo legalmente vinculante entre 196 países que tiene como objetivo prevenir y controlar la propagación de enfermedades internacionales evitando interferencias innecesarias con el comercio y los viajes internacionales. El RSI establece un conjunto de medidas que los países miembros deben adoptar para fortalecer sus capacidades de vigilancia, detección temprana y respuesta rápida ante emergencias de salud pública que puedan representar una amenaza internacional.

El RSI exige que los países miembros desarrollen y mantengan capacidades básicas de salud pública, como la capacidad de detectar y notificar brotes de enfermedades, realizar investigaciones epidemiológicas e implementar medidas de control de manera efectiva. Esto incluye la necesidad de establecer puntos de entrada (puertos, aeropuertos y fronteras terrestres) equipados para hacer frente a emergencias de salud pública y prevenir la propagación de enfermedades a través de las fronteras. El reglamento también estipula que los países deben compartir información crítica con la OMS de manera oportuna, permitiendo una respuesta coordinada y efectiva a las crisis de salud que puedan tener implicaciones globales.

Durante la pandemia de COVID-19, el RSI desempeñó un papel crucial en la coordinación de las respuestas internacionales. La OMS, a través del RSI, pudo movilizar rápidamente a los países miembros para que adoptaran medidas coordinadas de salud pública, como restricciones de viaje, cuarentenas y otras intervenciones diseñadas para contener la propagación del virus. Además, el RSI facilitó el intercambio de datos epidemiológicos y de investigación, lo que permitió a la

comunidad global comprender mejor el
comportamiento del virus y desarrollar
vacunas y tratamientos eficaces.

Además de establecer normas y coordinar
respuestas globales a emergencias
sanitarias, la OMS también brinda apoyo
técnico y financiero a los países
miembros para ayudarlos a implementar
el RSI y otras normas de salud pública.
Este apoyo es especialmente crucial
para los países de ingresos bajos y
medianos, que pueden no tener los
recursos necesarios para cumplir
plenamente los requisitos del RSI por
sí solos. La OMS proporciona asistencia
técnica, capacitación y, en algunos
casos, recursos financieros directos
para fortalecer las capacidades de
salud pública de estos países,
asegurando que estén mejor preparados
para responder a las crisis sanitarias.

El apoyo de la OMS también incluye el
desarrollo de directrices y protocolos
basados en evidencia que los países
pueden adoptar para mejorar sus
respuestas a las emergencias
sanitarias. Estas directrices cubren
una amplia gama de áreas, incluida la
preparación y respuesta ante pandemias,
la gestión de enfermedades infecciosas
y la protección de la salud en
situaciones de desastres naturales y

otras emergencias. Al brindar esta orientación, la OMS ayuda a los países a alinear sus prácticas de salud pública con los estándares internacionales, promoviendo la salud y la seguridad globales.

Otras organizaciones internacionales

Además de la Organización Mundial de la Salud (OMS), varias otras organizaciones internacionales desempeñan papeles esenciales en la aplicación del derecho sanitario internacional y la promoción de la salud pública mundial. Entre ellos, el Fondo de las Naciones Unidas para la Infancia (UNICEF), el Programa Conjunto de las Naciones Unidas sobre el VIH/SIDA (ONUSIDA) y el Comité Internacional de la Cruz Roja (CICR) son particularmente influyentes y trabajan en estrecha colaboración con los gobiernos nacionales y otras entidades internacionales. para proteger la salud y los derechos humanos, especialmente de las poblaciones más vulnerables.

UNICEF, por ejemplo, desempeña un papel decisivo en la implementación de campañas mundiales de vacunación y programas de nutrición infantil. La organización trabaja para garantizar

que todos los niños, independientemente
de dónde vivan, tengan acceso a vacunas
que salvan vidas y a una nutrición
adecuada. UNICEF desempeña un papel
crucial en la erradicación de
enfermedades prevenibles mediante
vacunas, como el sarampión y la polio,
coordinando esfuerzos en zonas de
difícil acceso y en situaciones de
crisis. Además, UNICEF promueve
programas de nutrición que tienen como
objetivo combatir la desnutrición
infantil, un problema que afecta a
millones de niños en todo el mundo,
especialmente en países en desarrollo y
regiones afectadas por conflictos o
desastres naturales.

El Programa Conjunto de las Naciones
Unidas sobre el VIH/SIDA (ONUSIDA)
lidera los esfuerzos globales para
combatir la epidemia del VIH/SIDA.
ONUSIDA trabaja junto con gobiernos,
organizaciones no gubernamentales y
otras agencias de la ONU para promover
la prevención del VIH, proporcionar
tratamiento adecuado a las personas que
viven con el virus y garantizar que se
respeten los derechos de los pacientes.
La organización desempeña un papel
esencial en la movilización de recursos
y la formulación de políticas que
apuntan a reducir las nuevas
infecciones por VIH y aumentar el

acceso a los antirretrovirales, especialmente en regiones con una alta prevalencia de la enfermedad, como el África subsahariana. ONUSIDA también promueve la educación y la sensibilización sobre el VIH/SIDA, buscando eliminar el estigma y la discriminación que a menudo acompañan a la enfermedad.

El Comité Internacional de la Cruz Roja (CICR) es otra organización vital en la aplicación del derecho sanitario internacional, especialmente en contextos de conflictos armados y crisis humanitarias. El CICR tiene el mandato especial de proteger y asistir a las víctimas de conflictos y otras situaciones de violencia, garantizando el respeto del derecho internacional humanitario (DIH) y los derechos humanos. En tiempos de guerra, el CICR trabaja para garantizar que las instalaciones y el personal de salud estén protegidos, que las poblaciones civiles tengan acceso a atención médica y que se satisfagan las necesidades básicas de salud, incluso en medio de la violencia. El CICR también participa en esfuerzos para rehabilitar los sistemas de salud destruidos y brindar apoyo directo a hospitales y clínicas en áreas de conflicto.

Estas organizaciones, junto con la OMS, colaboran para crear un entorno internacional donde se proteja y promueva la salud pública, incluso en circunstancias adversas. Desempeñan funciones complementarias, abordando diferentes aspectos de la salud global y los derechos humanos, desde la vacunación y la nutrición infantil hasta la respuesta a epidemias y la protección de poblaciones en zonas de conflicto. Al trabajar junto con los gobiernos nacionales, estas organizaciones ayudan a garantizar que se satisfagan las necesidades de salud de las poblaciones más vulnerables y que las normas del derecho sanitario internacional se apliquen de manera efectiva y justa.

Por ejemplo, en situaciones de emergencia como epidemias o desastres naturales, UNICEF y la OMS pueden coordinar campañas de vacunación masiva y distribución de suministros médicos, mientras que el CICR garantiza que estas operaciones puedan llevarse a cabo de forma segura en zonas de conflicto. ONUSIDA, a su vez, puede garantizar que las personas que viven con el VIH/SIDA sigan recibiendo tratamiento, incluso en contextos de crisis. Este tipo de colaboración es esencial para abordar desafíos complejos de salud global y garantizar que las intervenciones sean exitosas.

Coordinación Internacional y Desafíos

De hecho, la coordinación internacional es esencial para el éxito de las políticas de salud globales, pero su implementación efectiva enfrenta una serie de desafíos importantes. Una de las principales dificultades radica en las diferencias en las capacidades de respuesta entre países. Si bien algunos países tienen sistemas de salud sólidos, infraestructura avanzada y recursos financieros suficientes para implementar políticas de salud pública complejas, muchos otros, especialmente en las regiones en desarrollo, luchan contra la falta de recursos, una infraestructura deficiente y una escasez de profesionales de la salud calificados. Estas disparidades crean un escenario en el que la aplicación uniforme de las normas sanitarias internacionales es extremadamente difícil, lo que compromete la eficacia de las intervenciones globales.

Las cuestiones de soberanía nacional también representan un desafío considerable. Si bien la coordinación internacional y la armonización de las políticas de salud son cruciales para abordar las amenazas a la salud pública que no respetan fronteras, como pandemias, brotes de enfermedades infecciosas o crisis ambientales, muchos países dudan en ceder autonomía sobre sus políticas de salud a entidades internacionales. Este conflicto entre la necesidad de una respuesta global coordinada y el deseo de mantener la soberanía puede provocar retrasos en la implementación de medidas sanitarias críticas, debilitando la respuesta colectiva a las emergencias sanitarias.

Además, la falta de financiación adecuada es una barrera recurrente para la implementación efectiva de las normas de salud pública. Aunque organizaciones internacionales como la OMS y los países de altos ingresos pueden brindar apoyo financiero y técnico a los países necesitados, los recursos disponibles a menudo son insuficientes para cubrir todas las necesidades. Esto es especialmente problemático en situaciones de emergencia, donde una respuesta rápida es vital para contener la propagación de enfermedades o mitigar el impacto de los desastres. La falta de financiación sostenible también impide el fortalecimiento de los sistemas de salud en los países vulnerables, dejándolos menos preparados para afrontar futuras crisis sanitarias.

La globalización y el cambio climático añaden capas adicionales de complejidad a los desafíos que enfrenta la política sanitaria global. La globalización, al facilitar el rápido movimiento de personas y bienes entre países, también acelera la propagación de enfermedades, como se ha observado ampliamente durante la pandemia de COVID-19. Además, el cambio climático está creando nuevas amenazas a la salud pública, como una mayor incidencia de enfermedades transmitidas por vectores, inseguridad alimentaria debido a la variabilidad climática y desplazamientos de población debido a desastres naturales. Estos desafíos emergentes requieren que las organizaciones internacionales y los gobiernos nacionales adapten sus enfoques a la legislación sanitaria, desarrollen nuevas estrategias y fortalezcan la cooperación internacional para responder a estos riesgos de manera efectiva.

Por ejemplo, el cambio climático podría provocar la proliferación de mosquitos en regiones que antes no estaban afectadas, aumentando el riesgo de brotes de enfermedades como la malaria y el dengue en áreas que no estaban preparadas para hacer frente a estas amenazas. Asimismo, el aumento de las temperaturas globales y los cambios en los patrones de precipitación pueden afectar la producción de alimentos, dando lugar a crisis de seguridad alimentaria que tienen implicaciones directas para la salud pública. Estas nuevas realidades requieren que los estándares de salud pública se revisen y adapten para garantizar que los sistemas de salud sean resilientes y capaces de responder a estos desafíos de manera efectiva.

En respuesta a estas presiones, las organizaciones internacionales y los gobiernos nacionales están comenzando a explorar nuevas formas de colaboración, como la integración de políticas de salud con políticas ambientales y de desarrollo sostenible. Estos enfoques intersectoriales son esenciales para abordar las amenazas a la salud pública que surgen de la intersección de la globalización, el cambio climático y otros factores. Sin embargo, implementar estas estrategias requiere un compromiso renovado con la financiación, la innovación y la cooperación internacional.

En conclusión, la legislación sanitaria desempeña un papel vital en la protección de la salud pública mundial al proporcionar el marco legal necesario para abordar los desafíos de salud en un mundo interconectado. La aplicación efectiva de la legislación sanitaria, tanto a nivel nacional como internacional, depende de la cooperación entre los gobiernos y las organizaciones internacionales, y es esencial para garantizar que todas las personas tengan acceso a una atención sanitaria segura, eficaz y equitativa.

CAPÍTULO 11: POLÍTICAS DE SALUD PÚBLICA Y DERECHOS INDIVIDUALES

Equilibrio entre salud pública y derechos individuales

La intersección entre las políticas de salud pública y los derechos individuales representa uno de los desafíos más complejos en la formulación e implementación de políticas de salud. El derecho a la salud está ampliamente reconocido como un derecho humano fundamental, pero su promoción y protección a menudo entra en tensión con otros derechos individuales, como la libertad de movimiento, la privacidad y la autonomía personal.

Protección de la salud pública

Las políticas de salud pública son fundamentales para proteger la salud y el bienestar de la población, con el objetivo de prevenir enfermedades, promover la salud y prolongar la vida. Estas políticas se implementan a través de una variedad de medidas que pueden incluir vacunas obligatorias, cuarentenas durante brotes de enfermedades, regulación del consumo de sustancias como el tabaco y el alcohol y campañas educativas de salud pública.

Cada una de estas intervenciones tiene como objetivo mitigar los riesgos para la salud colectiva y promover condiciones de vida más saludables.

La vacunación obligatoria, por ejemplo, es una medida ampliamente adoptada para prevenir la propagación de enfermedades infecciosas y proteger tanto a las personas como a la comunidad en general. Al garantizar que un alto porcentaje de la población esté inmunizada, las autoridades de salud pública pueden controlar o incluso erradicar enfermedades peligrosas como la polio y el sarampión. De manera similar, imponer cuarentenas durante brotes de enfermedades graves, como el Ébola o el COVID-19, tiene como objetivo contener la propagación del patógeno y proteger la salud pública.

Las políticas que regulan el consumo de tabaco y alcohol son otros ejemplos de intervenciones diseñadas para promover la salud pública. Las restricciones al tabaquismo en lugares públicos, los altos impuestos al tabaco y los productos alcohólicos y las campañas de concientización sobre los riesgos asociados a su consumo son medidas que han demostrado ser efectivas para reducir las tasas de enfermedades relacionadas con el tabaquismo y el alcoholismo, como el cáncer, las enfermedades cardíacas Enfermedades y cirrosis hepática.

Las campañas de salud pública, que buscan educar a la población sobre prácticas saludables, también juegan un papel crucial. Estas campañas pueden abordar temas como nutrición, ejercicio físico, salud mental, prevención de enfermedades de transmisión sexual e higiene personal, entre otros. Al crear conciencia y fomentar cambios de comportamiento, estas campañas contribuyen significativamente a mejorar la salud general de la población.

Sin embargo, estas intervenciones de salud pública a menudo implican restricciones a ciertos derechos y libertades individuales, lo que plantea importantes interrogantes sobre la legitimidad y los límites de estas intervenciones. La vacunación obligatoria, por ejemplo, puede verse como una restricción al derecho del individuo a elegir sobre su propio cuerpo. Asimismo, las cuarentenas y los confinamientos pueden percibirse como restricciones a la libertad de movimiento y a la vida privada.

La legitimidad de estas intervenciones generalmente se justifica sobre la base del principio de que el bienestar colectivo prevalece sobre los derechos individuales en situaciones en las que la salud pública está en riesgo. Esta es la base del llamado "principio de proporcionalidad", que requiere que cualquier restricción a los derechos individuales sea proporcional al riesgo que busca mitigar, necesaria para lograr el objetivo deseado y aplicada de manera justa y equitativa.

Sin embargo, determinar el alcance apropiado de estas intervenciones es un desafío constante. Los gobiernos y las autoridades sanitarias deben equilibrar la necesidad de proteger la salud pública con la obligación de respetar los derechos y libertades individuales. Este delicado equilibrio requiere un enfoque transparente y basado en evidencia, donde las medidas estén claramente justificadas, los derechos de las personas se respeten tanto como sea posible y las poblaciones afectadas estén adecuadamente informadas e involucradas en el proceso.

La implementación de estas políticas también debe considerar el contexto social, cultural y político en el que se aplican. En algunas sociedades,

puede haber una mayor resistencia a
determinadas intervenciones, como la
vacunación obligatoria o la regulación
del comportamiento personal, debido a
diferencias culturales, religiosas o
ideológicas. En este sentido, las
autoridades de salud pública deben
trabajar para generar confianza,
promover la comprensión de las medidas
y, cuando sea posible, buscar
soluciones que tengan en cuenta las
preocupaciones de los individuos y
grupos afectados.

Derechos individuales

Por otro lado, los derechos
individuales están protegidos por una
serie de instrumentos internacionales,
como la Declaración Universal de
Derechos Humanos, que establece
principios fundamentales, entre ellos
el derecho a la vida, la libertad y la
seguridad personal, así como el derecho
a la privacidad y la seguridad. .
libertad de expresión. Estos derechos
se consideran universales e
inalienables, lo que significa que
deben ser respetados y protegidos en
todas las circunstancias.

Cualquier intervención de salud pública
que imponga limitaciones a estos
derechos debe justificarse

cuidadosamente. Para ser legítima, la intervención debe cumplir ciertos criterios esenciales: debe estar basada en evidencia científica sólida, proporcionada al riesgo que se pretende mitigar y necesaria para lograr un objetivo legítimo de salud pública. Además, estas medidas deben aplicarse de manera justa y equitativa, garantizando que todas las personas sean tratadas con dignidad y respeto.

El principio de proporcionalidad es central en este contexto. Requiere que las restricciones impuestas a los derechos individuales sean las mínimas necesarias para proteger la salud pública, evitando excesos que puedan resultar en violaciones innecesarias o desproporcionadas de los derechos humanos. Por ejemplo, la imposición de cuarentenas o vacunación obligatoria sólo debería ocurrir si existe una amenaza significativa para la salud pública que no pueda controlarse de otra manera menos intrusiva. Además, las medidas deben ser temporales y estar sujetas a revisión, garantizando que se mantengan sólo mientras sean absolutamente necesarias.

El desafío central radica en encontrar un equilibrio adecuado entre proteger la salud pública y preservar los derechos individuales. Se trata de un equilibrio delicado que requiere una consideración cuidadosa de las circunstancias específicas y un compromiso con la transparencia y la rendición de cuentas. En situaciones de emergencia, como una pandemia, en las que pueden ser necesarias medidas rápidas y decisivas para proteger a la población, las autoridades sanitarias deben garantizar que las medidas adoptadas se comuniquen claramente al público, que se respeten en la medida de lo posible los derechos individuales y que no haya Existen mecanismos de supervisión y recurso para quienes se sienten injustamente afectados.

Además, el respeto de los derechos individuales durante la implementación de políticas de salud pública es crucial para mantener la confianza de la población en las autoridades sanitarias. Cuando las personas sienten que se respetan sus derechos y que las medidas están justificadas y proporcionadas, es más probable que cooperen y se adhieran a las intervenciones de salud pública, lo que a su vez aumenta la eficacia de esas medidas.

Equilibrio y Proporcionalidad

El concepto de proporcionalidad es un principio central en la formulación e implementación de políticas de salud pública, especialmente cuando estas políticas imponen restricciones a los derechos individuales. La proporcionalidad requiere que las medidas adoptadas no sólo sean necesarias y apropiadas para lograr el objetivo de proteger la salud pública, sino también que sean proporcionadas en relación con el impacto que tienen sobre las libertades y derechos de las personas.

Para que una medida de salud pública se considere proporcionada, primero debe ser necesaria. Esto significa que la intervención debe ser esencial para abordar una amenaza significativa a la salud pública, y que no existen alternativas menos restrictivas que puedan lograr el mismo objetivo de manera efectiva. La necesidad de la medida debe demostrarse con base en evidencia científica clara y sólida, que justifique su implementación.

Además de ser necesaria, la medida también debe ser adecuada, es decir, debe tener una probabilidad razonable de lograr el objetivo perseguido. No se puede justificar una intervención inadecuada que no contribuya significativamente a la protección de la salud pública, aunque sea mínimamente restrictiva. Las autoridades deben evaluar cuidadosamente si la medida propuesta realmente promoverá la salud pública y si los beneficios esperados superan los costos en términos de restricciones a los derechos individuales.

Finalmente, la proporcionalidad requiere que la medida sea lo menos restrictiva posible, es decir, que imponga la limitación menos necesaria a los derechos de los individuos para lograr el objetivo de salud pública. Esto implica que, entre varias opciones disponibles, las autoridades deben elegir la que, aunque efectiva, cause el menor impacto en las libertades y derechos de las personas. Por ejemplo, si el objetivo es contener la propagación de una enfermedad contagiosa, la imposición de cuarentenas puede estar justificada, pero esta cuarentena debe aplicarse de forma limitada y específica, tanto en términos de duración como de alcance, afectando sólo a quienes realmente representan un riesgo de transmisión.

La imposición de cuarentenas durante brotes de enfermedades contagiosas, como en el caso de la COVID-19, ilustra

bien la aplicación del principio de
proporcionalidad. Durante la pandemia,
muchas jurisdicciones adoptaron
cuarentenas y otras restricciones para
controlar la propagación del virus.
Para que estas medidas fueran
proporcionadas, debían ser temporales,
estrictamente relacionadas con el
control de la propagación del virus y
acompañadas de garantías de que se
respetaran los derechos y la dignidad
de las personas afectadas. Esto
incluía, por ejemplo, la prestación de
asistencia médica, apoyo psicológico e
información clara y transparente sobre
el motivo y la duración de las medidas.

Además, el principio de
proporcionalidad exige que las medidas
se revisen periódicamente a la luz de
nueva información y novedades. A medida
que las condiciones cambian, como la
reducción de la tasa de infección o el
aumento de la capacidad del sistema de
salud, las medidas restrictivas deben
ajustarse o retirarse, garantizando que
la respuesta a la amenaza a la salud
pública siga siendo equilibrada y
justa.

Ejemplos de políticas exitosas

A lo largo de la historia, diversas
políticas de salud pública han logrado

equilibrar la protección de la salud pública con el respeto de los derechos individuales. A continuación se presentan algunos ejemplos que ilustran esta armonización.

Vacunación Obligatoria y Consentimiento Informado

La vacunación obligatoria está ampliamente reconocida como una de las políticas de salud pública más eficaces para prevenir la propagación de enfermedades infecciosas y proteger la salud colectiva. Al garantizar que una gran parte de la población esté inmunizada, estas políticas reducen significativamente la incidencia de enfermedades contagiosas y previenen brotes que pueden tener graves consecuencias para la salud pública. Sin embargo, la imposición de la vacunación obligatoria plantea dudas sobre el derecho a la autonomía personal, ya que implica la administración de tratamiento médico sin el consentimiento explícito de todos los individuos.

Países como Francia e Italia han implementado políticas de vacunación obligatoria para combatir la propagación de enfermedades como el sarampión, la rubéola y la polio, reconociendo la importancia de estas intervenciones para proteger tanto a los individuos como a la comunidad en su conjunto. Sin embargo, para equilibrar la necesidad de vacunación con el respeto a los derechos individuales, estos países han adoptado varias medidas que buscan mitigar posibles conflictos entre la salud pública y la autonomía personal.

Uno de estos mecanismos es el consentimiento informado, que garantiza que las personas estén plenamente informadas sobre los beneficios, riesgos y necesidad de la vacunación. Incluso cuando la vacunación es obligatoria, los gobiernos pueden proporcionar información detallada y transparente sobre las vacunas, permitiendo a las personas comprender por qué la vacunación es necesaria y cómo contribuye a la protección de la comunidad. Este proceso de información es esencial para aumentar la aceptación pública de las políticas de vacunación y minimizar la resistencia basada en la desinformación o el miedo.

Además, muchos países que adoptan vacunas obligatorias establecen excepciones para determinadas afecciones médicas. Por ejemplo, las personas que tengan contraindicaciones médicas comprobadas, como alergias graves a los componentes de la vacuna o afecciones inmunológicas específicas, pueden quedar exentas del requisito. Estas excepciones son una forma de respetar la salud individual y al mismo tiempo promover la salud pública al garantizar que quienes no pueden vacunarse por razones legítimas no se vean obligados a correr riesgos innecesarios.

Los programas de sensibilización pública también desempeñan un papel crucial en la implementación de políticas de vacunación obligatoria. Al enfatizar la importancia de la vacunación para la salud pública, estos programas buscan educar a la población sobre el papel de las vacunas en la prevención de enfermedades y la protección de las personas más vulnerables, como los ancianos y las personas con condiciones de salud preexistentes. Las campañas de concientización efectivas pueden aumentar la aceptación de las vacunas al abordar inquietudes y mitos comunes y fortalecer la confianza del público en las autoridades sanitarias.

Estos enfoques combinados (consentimiento informado, excepciones médicas y programas de concientización)

han ayudado a países como Francia e
Italia a lograr altas tasas de
inmunización respetando las
preocupaciones y los derechos
individuales. Al integrar estas
estrategias en sus políticas de
vacunación, estos países han logrado
equilibrar la necesidad de proteger la
salud pública con el respeto a la
autonomía personal, creando un entorno
en el que la vacunación se considera
una responsabilidad colectiva pero
también una elección informada.

Control del tabaco y libertad individual

Las políticas de control del tabaco son
un ejemplo notable de cómo las
políticas de salud pública pueden
equilibrar eficazmente la protección de
la salud colectiva con los derechos
individuales. La prohibición de fumar
en lugares públicos, implementada en
muchos países de la Unión Europea y
otras partes del mundo, generó
inicialmente intensos debates sobre la
posible restricción de la libertad
personal de los fumadores. Sin embargo,
estas políticas se han justificado en
gran medida sobre la base de la
necesidad de proteger la salud pública,
especialmente en relación con los

peligros asociados con el humo de segunda mano.

El humo de segunda mano, o la exposición involuntaria al humo del tabaco, se reconoce como un riesgo importante para la salud, asociado con una serie de enfermedades graves, como cáncer de pulmón, enfermedades cardíacas y respiratorias. La prohibición de fumar en lugares públicos, como restaurantes, bares, oficinas y transporte público, se implementó para proteger no sólo a los fumadores, sino también a los no fumadores que estarían expuestos a los peligros del humo de segunda mano en interiores. Estas medidas se basaron en evidencia científica sólida que demostraba el daño causado por el humo de segunda mano, lo que ayudó a legitimar las restricciones y obtener el apoyo público para su implementación.

Además de la protección directa de la salud, estas políticas de control del tabaco fueron acompañadas de campañas de salud pública destinadas a educar y cambiar las conductas relacionadas con el tabaquismo. Las campañas se centraron en crear conciencia sobre los riesgos del tabaco, tanto para los fumadores como en quienes los rodean, y promover alternativas más saludables, como programas para dejar de fumar. Estas campañas han sido eficaces no sólo para informar al público sobre los peligros del tabaco, sino también para cambiar las normas sociales en torno al tabaquismo, reducir la aceptación social de fumar en lugares públicos y promover entornos más saludables.

Con el tiempo, estas políticas y campañas contribuyeron a un cambio significativo en las actitudes sociales hacia el tabaquismo. En muchos países, fumar en lugares públicos se ha vuelto ampliamente considerado inaceptable y las zonas libres de humo se han convertido en la norma. Este cambio en las normas sociales ayudó a reforzar el éxito de las políticas de control del tabaco, ya que la gente llegó a ver estas prohibiciones no como una restricción injusta de la libertad personal, sino como una medida necesaria para proteger la salud colectiva.

Es importante resaltar que, a pesar de las restricciones, las políticas de control del tabaco fueron diseñadas para respetar en la medida de lo posible los derechos de los fumadores. Aunque se ha restringido fumar en lugares públicos, las personas aún conservan el derecho a fumar en entornos privados o áreas designadas, equilibrando así la necesidad de proteger la salud pública con la libertad individual. Este enfoque demostró que es posible implementar medidas de salud pública que protejan a la mayoría sin infringir indebidamente los derechos de una minoría.

Medidas durante la pandemia de COVID-19

La pandemia de COVID-19 ha sacado a la luz desafíos complejos y sin precedentes a la hora de equilibrar la protección de la salud pública y la salvaguardia de los derechos individuales. En muchos países se implementaron rápidamente medidas estrictas, como confinamientos, uso obligatorio de mascarillas y la introducción de pasaportes de vacunación, con el objetivo de controlar la propagación del virus y evitar el colapso de los sistemas sanitarios. Sin embargo, estas intervenciones también provocaron intensos debates y controversias, especialmente en torno a la limitación de las libertades individuales, como la libertad de movimiento, reunión y elección personal.

Los confinamientos, por ejemplo, que implican confinar a la población en sus hogares y suspender actividades económicas y sociales, fueron una de las primeras y más drásticas medidas adoptadas en varios países para contener la propagación de la COVID-19. Si bien son efectivas para reducir la transmisión del virus, estas severas restricciones han generado preocupación sobre el impacto en la economía, el bienestar psicológico y la vida cotidiana de las personas. La restricción de esas libertades fundamentales requería justificaciones claras y una comunicación transparente por parte de las autoridades, para garantizar que la población comprendiera la necesidad de estas medidas y las cumpliera.

El uso obligatorio de mascarillas en espacios públicos cerrados, otra medida ampliamente adoptada, también fue objeto de polémicas, aunque menos intensas que las provocadas por los confinamientos. Las mascarillas se recomendaron basándose en evidencia científica que demostró su eficacia para reducir la transmisión del virus, especialmente en entornos donde el distanciamiento físico es difícil de mantener. Aun así, el uso obligatorio de mascarillas fue visto por algunos como una imposición excesiva, generando resistencia en determinadas poblaciones. El éxito de esta medida, así como de otras políticas de salud pública, dependió en gran medida de la capacidad de las autoridades para comunicar claramente la base científica de estas recomendaciones y mostrar la proporcionalidad y necesidad de la intervención.

Los pasaportes de vacunación, que exigen prueba de inmunización contra la COVID-19 para acceder a determinados lugares o eventos públicos, han sido una innovación controvertida durante la pandemia. Los pasaportes de vacunación, destinados a promover la vacunación masiva y reducir el riesgo de nuevos brotes, han planteado dudas sobre la discriminación, la privacidad y la equidad en el acceso a las vacunas. En los países donde las vacunas estaban ampliamente disponibles, estos pasaportes se aceptaban más fácilmente; sin embargo, en las regiones donde el acceso a la vacunación era limitado, la implementación de tales medidas fue criticada por crear divisiones y exacerbar las desigualdades.

El éxito de las políticas de salud pública durante la pandemia de COVID-19 ha dependido de varios factores cruciales. La transparencia de las autoridades públicas era fundamental para generar y mantener la confianza de la población. Cuando las autoridades fueron abiertas acerca de los motivos de las medidas adoptadas, basaron sus decisiones en pruebas científicas sólidas y comunicaron eficazmente el carácter temporal y proporcional de las restricciones, era más probable que las poblaciones cumplieran con las intervenciones necesarias.

La base científica de las medidas adoptadas también jugó un papel crucial. La ciencia guió las decisiones sobre qué medidas implementar, cuándo y durante cuánto tiempo, y esas decisiones fueron revisadas a medida que surgía nueva información sobre el virus y sus variantes. Este proceso de ajuste continuo permitió adaptar las estrategias a medida que evolucionaba la pandemia, asegurando que las respuestas fueran proporcionales al riesgo en cada momento específico.

Por último, la adopción de estrategias proporcionales y temporales era esencial para equilibrar la necesidad de proteger la salud pública con la minimización de las restricciones a las libertades individuales. Las medidas más restrictivas, como los confinamientos, se aplicaron en muchos casos durante períodos limitados y se relajaron a medida que mejoró la situación epidemiológica. Esto ayudó a garantizar que las intervenciones se consideraran necesarias y justas, aumentando la legitimidad y eficacia de las respuestas a la pandemia.

Desafíos éticos y legales

La implementación de políticas de salud pública que interfieren con los derechos individuales plantea una serie de dilemas éticos y legales que deben considerarse y abordarse cuidadosamente.

Autonomía versus beneficio colectivo

Uno de los dilemas éticos más frecuentes en el ámbito de la salud pública es el conflicto entre autonomía individual y beneficio colectivo. Este dilema surge especialmente en situaciones en las que medidas como la vacunación obligatoria o la cuarentena son necesarias para proteger la salud pública, pero pueden percibirse como una violación de la autonomía personal y los derechos individuales.

La autonomía individual es un principio ético fundamental que se basa en el derecho de las personas a tomar decisiones informadas sobre sus propias vidas y cuerpos sin coerción externa. Sin embargo, en contextos de salud pública, donde el bienestar colectivo puede estar en riesgo, los formuladores de políticas enfrentan el desafío de equilibrar este derecho con la necesidad de proteger a la población en su conjunto. Cuando la elección individual tiene el potencial de causar daño a otros, como en el caso de rechazar una vacuna durante un brote de una enfermedad infecciosa, la justificación de intervenciones que limitan la autonomía personal puede volverse moralmente defendible.

A menudo se implementan medidas como la vacunación obligatoria para lograr altos niveles de inmunidad colectiva, que protege no solo a las personas vacunadas sino también a aquellos que no pueden ser vacunados debido a condiciones médicas u otras razones. A pesar de esto, estas medidas pueden considerarse coercitivas e intrusivas, especialmente si las personas sienten que no han tenido la oportunidad de dar su consentimiento voluntariamente. De manera similar, las cuarentenas, que restringen la libertad de movimiento para prevenir la propagación de enfermedades contagiosas, pueden verse como una infracción de la libertad

personal, incluso cuando se justifican
por la necesidad de contener una
amenaza a la salud pública.

Ante este dilema ético, los
responsables de las políticas
sanitarias deben garantizar que
cualquier medida que limite la
autonomía individual esté rigurosamente
justificada y basada en evidencia
científica sólida. Esto significa que
se debe demostrar que la intervención
es necesaria para prevenir un riesgo
significativo para la salud pública, y
que no existen alternativas menos
intrusivas que puedan lograr el mismo
objetivo de manera efectiva. Además,
estas medidas deben aplicarse de manera
justa y equitativa, garantizando que
todas las personas sean tratadas con
dignidad y que se tengan en cuenta sus
preocupaciones.

La transparencia es un componente
crucial para justificar estas medidas.
Cuando las autoridades comunican
claramente las razones por las que es
necesaria una intervención, explicando
la base científica y los beneficios
esperados para la comunidad, es más
probable que las personas acepten las
medidas y cooperen con ellas. La
transparencia también implica
garantizar que las políticas se revisen

y ajusten según sea necesario en
función de nueva información o
circunstancias cambiantes.

Además, las autoridades deben tomar
medidas para minimizar la intrusión en
los derechos individuales. Esto podría
incluir implementar medidas
compensatorias, como programas de apoyo
financiero o psicológico para los
afectados por las cuarentenas, o
proporcionar información detallada y
fácil de entender sobre los riesgos y
beneficios de las vacunas. En algunos
casos, puede ser apropiado incluir
excepciones o adaptaciones para dar
cabida a preocupaciones individuales
legítimas, como exenciones médicas para
la vacunación obligatoria.

Privacidad y Vigilancia

La recopilación de datos para
monitorear la salud pública,
especialmente en situaciones de crisis
como una pandemia, es una herramienta
esencial para rastrear la propagación
de enfermedades, identificar fuentes de
contagio y orientar las respuestas de
las autoridades sanitarias. Sin
embargo, esta práctica puede entrar en
conflicto con el derecho fundamental a
la privacidad, lo que genera
preocupaciones sobre el alcance y el

uso de la información personal recopilada. Las tecnologías de vigilancia, como las aplicaciones de rastreo de contactos, los sensores de temperatura en lugares públicos y el análisis de datos de movilidad, se han vuelto cada vez más comunes durante la pandemia de COVID-19, pero su uso debe gestionarse con cuidado para evitar abusos y garantizar el respeto a la privacidad de las personas.

Para equilibrar la necesidad de vigilancia con la protección de la privacidad, es fundamental implementar salvaguardias y medidas de protección de datos sólidas desde el principio. Estas medidas incluyen minimizar la recopilación de datos, es decir, restringir la recopilación únicamente a la información que sea absolutamente necesaria para lograr los objetivos de salud pública. Además, los datos recopilados deben ser anónimos siempre que sea posible para que la información personal de los individuos no pueda identificarse o asociarse fácilmente con una persona específica.

Otro aspecto importante es la limitación del acceso y uso de los datos recopilados. La información de salud pública debe ser accesible únicamente a las autoridades competentes y exclusivamente para fines relacionados con el control y la prevención de enfermedades. Deben existir reglas claras sobre quién puede acceder a los datos, en qué circunstancias y con qué fines. Además, los datos recopilados durante una crisis de salud solo deben almacenarse durante el tiempo necesario para cumplir los objetivos de salud pública y eliminarse o destruirse cuando ya no sean necesarios.

La transparencia también es un elemento clave para garantizar que el uso de tecnologías de vigilancia no viole el derecho a la privacidad. Las autoridades sanitarias y los gobiernos deben ser transparentes sobre qué datos se recopilan, cómo se utilizan, quién tendrá acceso a ellos y qué medidas se están tomando para proteger la privacidad de las personas. Esto incluye informar claramente al público sobre los propósitos de la recopilación de datos y garantizar que las personas tengan la oportunidad de expresar sus inquietudes o optar por no participar cuando sea posible y apropiado.

Además, es fundamental establecer mecanismos de supervisión y recurso para que las personas puedan cuestionar o impugnar el uso indebido de su información personal. Esto puede incluir la creación de órganos independientes de supervisión de la protección de datos, que controlen el cumplimiento de las prácticas de recopilación y uso de datos con las leyes de privacidad y garanticen que se respeten los derechos de las personas. Estos organismos deben tener el poder de investigar violaciones de la privacidad e imponer sanciones cuando sea necesario.

Adoptar un enfoque ético y responsable en la recopilación y el uso de datos de salud pública no solo protege la privacidad, sino que también ayuda a generar y mantener la confianza pública en las medidas adoptadas por las autoridades. Cuando las personas sienten que sus datos se tratan con cuidado y respeto, y que sus preocupaciones sobre la privacidad se toman en serio, es más probable que colaboren con iniciativas de salud pública como el rastreo de contactos, lo que puede aumentar la eficacia de estas medidas.

Equidad y discriminación

Las políticas de salud pública, aunque destinadas a proteger y promover el bienestar colectivo, pueden perpetuar o incluso exacerbar inadvertidamente las desigualdades existentes si no se planifican e implementan cuidadosamente. El acceso desigual a la atención sanitaria o a medidas de prevención como las vacunas es un claro ejemplo de cómo estas políticas pueden generar disparidades en la protección contra las enfermedades. En muchos contextos, los grupos marginados o vulnerables, como las minorías étnicas, las poblaciones de bajos ingresos y las comunidades rurales, enfrentan barreras importantes para acceder a la atención médica y a los beneficios de las políticas de salud pública. Esto puede dar lugar a una protección desigual contra las enfermedades, exacerbando las desigualdades existentes.

Por ejemplo, durante la pandemia de COVID-19, quedó claro que el acceso a las vacunas variaba ampliamente entre las distintas regiones y grupos de población. En muchos países, las poblaciones más ricas y urbanas tenían acceso prioritario a las vacunas, mientras que las comunidades rurales, indígenas y de bajos ingresos enfrentaban desafíos logísticos y estructurales que dificultaban la vacunación. Esta disparidad no sólo perpetúa las desigualdades en salud, sino que también compromete los esfuerzos generales para controlar la propagación del virus.

Además, determinadas medidas de salud pública pueden aplicarse de forma discriminatoria, afectando desproporcionadamente a determinados grupos de población. Medidas como cuarentenas, restricciones de viaje o intervenciones policiales de salud pública, si no se monitorean cuidadosamente y se aplican de manera equitativa, pueden tener un impacto desproporcionado en grupos que ya son vulnerables. En algunos casos, estas medidas pueden reforzar los estigmas o dar lugar a prácticas discriminatorias, exacerbando las dificultades que enfrentan estos grupos y comprometiendo su confianza en las autoridades sanitarias.

Para evitar estos obstáculos, es esencial que las políticas de salud pública se diseñen e implementen con un fuerte énfasis en la equidad y la no discriminación. Esto implica garantizar que todas las comunidades tengan igual acceso a los servicios de salud y a las medidas de prevención, independientemente de su ubicación geográfica, nivel socioeconómico, raza u origen étnico. Las políticas inclusivas que tengan en cuenta las necesidades específicas de los diferentes grupos son clave para garantizar que nadie se quede atrás en la protección contra las enfermedades.

Además, es necesario monitorear continuamente el impacto de las políticas de salud pública en los diferentes grupos de población para identificar y corregir rápidamente cualquier disparidad o práctica discriminatoria. Esto puede incluir la recopilación de datos desglosados por raza, género, ubicación y otros factores sociodemográficos para comprender cómo se ven afectados los diferentes grupos y ajustar las políticas según sea necesario.

Otro aspecto crucial es la participación activa de las comunidades afectadas en el proceso de formulación e implementación de políticas de salud pública. Se deben escuchar y considerar las voces y perspectivas de las poblaciones vulnerables para garantizar que las políticas sean sensibles a sus necesidades y realidades. Esto puede ayudar a generar confianza y garantizar que las medidas de salud pública sean más efectivas y ampliamente aceptadas.

Justificación y legitimidad

Para que las políticas de salud pública que limitan los derechos individuales sean consideradas legítimas, es esencial que estén basadas en una justificación sólida, sustentada en evidencia científica clara y sólida. La base científica debe demostrar inequívocamente que la intervención propuesta es necesaria para proteger la salud pública y que es la medida más eficaz y menos restrictiva disponible para lograr ese objetivo. Esta base científica es crucial para garantizar que las políticas no se perciban como arbitrarias o desproporcionadas, sino más bien como respuestas necesarias a amenazas reales y significativas a la salud colectiva.

Además de una base científica sólida, el proceso de toma de decisiones que conduzca a la implementación de estas políticas debe ser transparente e inclusivo. La transparencia en el proceso de toma de decisiones implica que las autoridades sanitarias y los responsables de la formulación de políticas comuniquen clara y abiertamente los datos, criterios y consideraciones que fundamentan sus decisiones. Esto incluye no sólo difundir evidencia científica, sino también explicar los objetivos de las políticas, los beneficios esperados y los impactos potenciales sobre los derechos individuales.

La inclusión en el proceso de toma de decisiones es igualmente importante. Involucrar a las comunidades afectadas en la formulación e implementación de políticas de salud pública puede aumentar significativamente la aceptación de las medidas y garantizar que las políticas se consideren justas y necesarias. La participación pública proporciona una plataforma para que se escuchen diferentes voces y perspectivas, lo que permite que las políticas reflejen mejor las realidades y necesidades de las personas que se verán más directamente afectadas. Esta participación puede ocurrir a través de consultas públicas, audiencias comunitarias, asociaciones con organizaciones locales y el uso de otros mecanismos de participación que promuevan el diálogo entre autoridades y ciudadanos.

La participación pública también puede ayudar a identificar y mitigar posibles problemas o preocupaciones antes de implementar políticas. Cuando las personas tienen la oportunidad de contribuir al desarrollo de medidas de salud pública, tienden a sentir un mayor sentido de propiedad y

responsabilidad con respecto al éxito
de estas políticas. Esto, a su vez,
puede conducir a una mayor cooperación
y cumplimiento de las medidas
adoptadas, incluso cuando éstas
impliquen restricciones a ciertos
derechos individuales.

Además, la inclusión y la transparencia
ayudan a generar confianza entre las
autoridades sanitarias y la población.
En tiempos de crisis, como durante una
pandemia, la confianza del público en
las autoridades y en las decisiones
tomadas es esencial para garantizar que
las medidas de salud pública sean
efectivas. Cuando las personas se dan
cuenta de que las políticas se basan en
evidencia sólida, que sus derechos se
respetan en la mayor medida posible y
que se tienen en cuenta sus
preocupaciones, están más dispuestas a
aceptar y seguir las recomendaciones de
salud pública.

Estos desafíos éticos y legales
requieren un enfoque equilibrado, donde
los derechos individuales se respeten
al máximo y al mismo tiempo se promueva
la salud pública de manera efectiva. La
aplicación de principios de justicia,
equidad y transparencia es fundamental
para garantizar que las políticas de
salud pública sean efectivas y éticas.

CAPÍTULO 12: RESPUESTAS LEGALES A EMERGENCIAS DE SALUD PÚBLICA

Ejemplos de emergencias globales

Las emergencias de salud pública, como las pandemias, los brotes de enfermedades infecciosas y los desastres naturales, desafían profundamente a los sistemas de salud y a los mecanismos legales que los respaldan. A lo largo de la historia reciente, varias de estas emergencias globales han requerido respuestas legales rápidas y efectivas para mitigar sus impactos.

Pandemia de COVID-19

La pandemia de COVID-19, que comenzó en 2019, ejemplifica claramente una emergencia global que requirió respuestas legales integrales y sin precedentes. Ante la rápida propagación del virus SARS-CoV-2 y su devastador impacto en la salud pública, los gobiernos de todo el mundo se han visto obligados a adoptar medidas extraordinarias para contener la propagación de la enfermedad y proteger a sus poblaciones. Entre las principales acciones implementadas se encuentran confinamientos, cuarentenas, uso obligatorio de mascarillas y

restricciones de viaje. Si bien estas
medidas fueron necesarias para
controlar la crisis sanitaria,
generaron un importante debate sobre la
necesidad de equilibrarlas con la
protección de los derechos individuales
y el mantenimiento del orden social.

Los confinamientos, por ejemplo,
representaron una de las formas más
drásticas de intervención estatal, al
imponer graves restricciones a la
libertad de movimiento y a la actividad
económica. Millones de personas
quedaron confinadas en sus hogares, se
cerraron escuelas y empresas y la vida
pública quedó prácticamente paralizada
en muchos países. Estas medidas, aunque
efectivas para reducir la transmisión
del virus, han generado preocupación
sobre sus impactos económicos y
sociales, así como sobre la legalidad y
legitimidad de las restricciones
impuestas. La imposición de cuarentenas
a personas infectadas o potencialmente
expuestas al virus, aunque más
focalizada, también ha planteado
cuestiones legales, especialmente en
relación con el debido proceso y la
protección de los derechos
fundamentales.

El uso obligatorio de mascarillas en
espacios públicos, otra medida

ampliamente adoptada, ejemplificó el
desafío de imponer estándares de salud
pública a una población diversa y, en
algunos casos, reacia. Aunque las
mascarillas han demostrado ser una
herramienta eficaz para reducir la
transmisión del virus, su
obligatoriedad generó resistencia por
parte de algunos grupos, que
consideraron la medida una violación de
la libertad individual. Los gobiernos
han tenido que navegar cuidadosamente
entre la necesidad de imponer estas
medidas y el respeto por las libertades
civiles, asegurando que las políticas
se apliquen de manera proporcionada y
razonable.

Las restricciones a los viajes, tanto
nacionales como internacionales, fueron
otra área crítica de intervención
gubernamental. Limitar la movilidad
entre regiones y países era esencial
para evitar la importación de nuevos
casos y la propagación del virus, pero
también afectaba profundamente a la
economía global, la libertad de
movimiento y los derechos de los
trabajadores y viajeros migrantes.
Estas restricciones han planteado
cuestiones jurídicas complejas
relacionadas con la libertad de
circulación, el derecho de asilo y la

gestión de fronteras en un contexto de emergencia sanitaria.

Además de las medidas de contención, la respuesta legal a la pandemia también incluyó la rápida aprobación de vacunas bajo autorizaciones de uso de emergencia. El caso de la vacuna Pfizer-BioNTech, que fue una de las primeras en recibir esta autorización, ilustra los desafíos legales y regulatorios enfrentados durante la crisis. La aprobación acelerada de vacunas, necesaria para combatir la pandemia en tiempo real, ha puesto a prueba los límites de los sistemas regulatorios tradicionales, que suelen seguir procesos rigurosos y lentos para garantizar la seguridad y eficacia de los medicamentos. Las agencias reguladoras, como la FDA en Estados Unidos y la EMA en la Unión Europea, han tenido que equilibrar la urgente necesidad de que las vacunas estén disponibles con la responsabilidad de proteger la salud pública contra los riesgos potenciales asociados con la rápida introducción de nuevos productos en el mercado. mercado.

Estos desafíos también han planteado dudas sobre la responsabilidad legal por los efectos adversos relacionados con las vacunas aprobadas de

emergencia, así como sobre la equidad
en el acceso global a las vacunas. Las
desigualdades en la distribución y el
acceso a las vacunas entre países ricos
y pobres han expuesto las limitaciones
de la cooperación internacional y han
puesto de relieve la necesidad de
reformar los mecanismos de respuesta a
las emergencias sanitarias mundiales.

Brote de ébola en África occidental (2014-2016)

El brote de ébola en África occidental
entre 2014 y 2016 fue otro ejemplo
sorprendente que puso de relieve la
necesidad de respuestas jurídicas
sólidas para hacer frente a crisis de
salud pública de gran magnitud. Países
como Sierra Leona, Liberia y Guinea,
epicentros del brote, enfrentaron una
situación de emergencia que rápidamente
superó sus capacidades de respuesta
local, lo que resultó en una crisis
humanitaria y sanitaria sin
precedentes. La rápida y mortal
propagación del virus del Ébola
requirió coordinación global y una
intervención intensiva por parte de la
comunidad internacional, y la
Organización Mundial de la Salud (OMS)
asumió un papel de liderazgo en la
coordinación de esfuerzos.

Ante la gravedad de la situación, las autoridades de estos países adoptaron una serie de medidas legales excepcionales para intentar controlar el brote. La declaración del estado de emergencia fue una de las primeras y más críticas medidas adoptadas. Esta medida permitió a los gobiernos implementar restricciones drásticas, como imponer cuarentenas a comunidades enteras, cerrar escuelas, prohibir grandes reuniones y limitar el movimiento de personas en las zonas afectadas. Estas cuarentenas, si bien son necesarias para contener la propagación del virus, han generado preocupación sobre los derechos humanos, especialmente en lo que respecta a la libertad de movimiento y el acceso a alimentos y atención médica.

Además de las cuarentenas, los países afectados por la crisis adoptaron leyes especiales que otorgaron a las autoridades amplios poderes para gestionar la emergencia de salud pública. Estas leyes permitieron, por ejemplo, la creación de unidades de tratamiento especializadas para aislar y tratar a pacientes infectados, la movilización de recursos y profesionales de la salud de otras regiones y la implementación de estrictas medidas de control fronterizo para evitar la propagación del virus a otros países. Las respuestas legales también incluyeron la criminalización de conductas que podrían empeorar la crisis, como ocultar los cuerpos de las víctimas del ébola o violar las reglas de cuarentena, medidas que fueron ampliamente publicitadas para garantizar el cumplimiento público.

La respuesta internacional fue crucial para apoyar los abrumados sistemas de salud de los países afectados. La OMS, junto con otras organizaciones internacionales y gobiernos, coordinó el envío de equipos médicos, suministros y apoyo técnico a la región. También era importante la aplicación de medidas jurídicas en los países donantes, como la movilización de fondos de emergencia y la facilitación del envío de equipos y medicamentos. La comunidad internacional también jugó un papel en la investigación y el desarrollo de vacunas y tratamientos experimentales, que se aceleraron debido a la urgencia de la crisis.

Las fronteras de estos países, que se han convertido en puntos críticos en la lucha contra el Ébola, están ahora estrictamente vigiladas. Se implementaron medidas como el control obligatorio de los viajeros, incluidos controles de temperatura y evaluaciones de riesgos, para detectar posibles casos antes de que se propaguen a otras regiones. La coordinación entre los países de la región y las organizaciones internacionales era vital para garantizar que estas medidas fueran efectivas y se aplicaran de manera uniforme.

El brote de ébola también puso de relieve la importancia de respuestas jurídicas que respeten los derechos humanos, incluso en situaciones de emergencia. Si bien para controlar el brote fueron necesarias medidas draconianas como cuarentenas y restricciones de movimiento, también pusieron en riesgo los derechos y la dignidad de los afectados. La implementación de estas medidas requería un delicado equilibrio entre la necesidad de proteger la salud pública y la obligación de proteger los derechos fundamentales de las personas. En muchos casos, las respuestas legales se complementaron con esfuerzos humanitarios para garantizar que las personas en cuarentena recibieran alimentos, agua y atención médica adecuados, minimizando así el impacto

negativo de las restricciones
impuestas.

Desastres naturales y salud pública

Los desastres naturales, como el
devastador terremoto seguido del
tsunami que azotó Japón en 2011,
también exigen respuestas legales
rápidas y efectivas para mitigar los
impactos en la salud pública y la
seguridad de la población. El
terremoto, que fue uno de los más
potentes jamás registrados, y el
posterior tsunami provocaron una
destrucción masiva, que provocó la
muerte de miles de personas, la
destrucción de infraestructuras
críticas y, de manera especialmente
grave, la crisis nuclear de Fukushima.
La exposición a la radiación debido a
la fusión de los reactores de la
central nuclear de Fukushima Daiichi
representó uno de los desafíos más
complejos y urgentes para las
autoridades japonesas e
internacionales.

La crisis de Fukushima requirió la
implementación inmediata de una serie
de respuestas legales diseñadas para
proteger la salud pública y la
seguridad ambiental. Una de las
primeras y más importantes medidas fue

la evacuación masiva de las zonas más afectadas por la radiación. Se emitieron decretos de emergencia para ordenar la evacuación de decenas de miles de residentes en un radio de 20 a 30 kilómetros de la planta nuclear, una operación masiva que implicó la movilización de fuerzas de seguridad, agencias de salud y organizaciones de socorro. Esta evacuación, si bien fue necesaria para proteger a la población de la exposición aguda a la radiación, trajo importantes desafíos logísticos y humanitarios, incluido el reasentamiento temporal y la prestación de servicios básicos para los desplazados.

El control de los alimentos y el agua contaminados fue otra respuesta crucial a la crisis. Las autoridades japonesas tuvieron que implementar rápidamente regulaciones estrictas para monitorear y limitar los niveles de radiación en los alimentos y el agua potable con el fin de evitar que la población ingiera sustancias radiactivas. Estas regulaciones incluyeron la suspensión de la venta de productos agrícolas, ganaderos y pesqueros de las zonas afectadas, así como controles estrictos en las cadenas de suministro para garantizar que los alimentos contaminados no lleguen al mercado. El impacto económico de estas medidas fue profundo, afectó a miles de productores y comerciantes, y requirió una respuesta legal que equilibrara la necesidad de seguridad con compensación y apoyo a las comunidades afectadas.

La protección de los trabajadores de rescate y descontaminación también fue un foco clave de las respuestas legales. Los trabajadores involucrados en las operaciones de emergencia en Fukushima enfrentaron mayores riesgos de exposición a la radiación y las autoridades japonesas tuvieron que establecer estrictas normas de seguridad para proteger su salud. Esto incluyó limitar las dosis de radiación permitidas, proporcionar equipos de protección personal y monitorear continuamente la salud de estos trabajadores. Las respuestas legales también incluyeron la implementación de planes a largo plazo para la descontaminación de las áreas afectadas, un proceso que requirió coordinación internacional y apoyo técnico.

La coordinación internacional de la asistencia humanitaria fue otro aspecto clave de las respuestas legales al desastre. Dada la magnitud de la crisis, Japón recibió apoyo de varios países y organizaciones internacionales, que aportaron recursos, experiencia técnica y asistencia humanitaria. La cooperación internacional se coordinó a través de acuerdos bilaterales y multilaterales, así como solicitudes formales de asistencia del Organismo Internacional de Energía Atómica (OIEA) y otras entidades especializadas. Esta colaboración fue esencial no sólo para gestionar la crisis inmediata, sino también para abordar los desafíos a largo plazo asociados con la descontaminación y reconstrucción de las áreas afectadas.

En última instancia, la crisis de Fukushima llevó a una revisión global de las normas de seguridad nuclear. En respuesta al desastre, Japón y otros países de todo el mundo revisaron sus normas de seguridad nuclear, buscando fortalecer la resiliencia de las plantas nucleares ante eventos naturales extremos y garantizar una mayor transparencia y vigilancia. En Japón, esta revisión incluyó la reevaluación de los estándares de construcción de plantas, la implementación de medidas de seguridad adicionales y la creación de una nueva agencia reguladora nuclear independiente diseñada para supervisar el cumplimiento de los estándares revisados y prevenir futuros desastres.

Respuestas regulatorias internacionales

La respuesta regulatoria internacional a las emergencias de salud pública varía según la naturaleza de la crisis, pero generalmente implica la coordinación entre gobiernos, organizaciones internacionales y el sector privado. La eficacia de estas respuestas depende de la preparación de los sistemas legales y de la capacidad de las instituciones internacionales para liderar y coordinar las acciones necesarias.

Organización Mundial de la Salud (OMS)

La Organización Mundial de la Salud (OMS) desempeña un papel central en la coordinación de las respuestas globales a las emergencias de salud pública, actuando como principal autoridad internacional en cuestiones de salud y guiando a los países en la implementación de medidas para proteger la salud pública. Durante la pandemia de COVID-19, la OMS jugó un papel decisivo al emitir orientaciones globales que ayudaron a los países a formular sus respuestas a la crisis. La organización declaró la pandemia una Emergencia de Salud Pública de Importancia Internacional (ESPII) en enero de 2020, un paso crítico que alertó al mundo sobre la gravedad del brote y facilitó la movilización de recursos internacionales.

Además, la OMS jugó un papel crucial en la coordinación de la distribución de suministros médicos esenciales como equipos de protección personal (EPP), respiradores y, posteriormente, vacunas. En asociación con la Alianza Mundial para Vacunas e Inmunización (GAVI) y otras organizaciones, la OMS lanzó la iniciativa COVAX, cuyo objetivo es garantizar el acceso equitativo a las vacunas contra la COVID-19 en todo el mundo, especialmente para los países de ingresos bajos y medianos. Esta iniciativa fue un esfuerzo sin precedentes para abordar las desigualdades en el acceso a las vacunas y garantizar que la inmunización contra la COVID-19 fuera una realidad mundial, y no solo para las naciones más ricas.

Sin embargo, la respuesta de la OMS durante la pandemia de COVID-19 no ha estado exenta de críticas. En algunas ocasiones, la organización ha sido acusada de actuar con demasiada lentitud en determinados ámbitos, como su vacilación inicial a la hora de recomendar el uso universal de mascarillas o su reticencia a declarar antes la pandemia. A pesar de estas críticas, la OMS ajustó sus recomendaciones a medida que surgieron nuevas evidencias científicas y evolucionaron las circunstancias, lo que demuestra la complejidad de gestionar una crisis de salud pública a escala global.

El papel de la OMS también fue significativo durante el brote de Ébola en África Occidental entre 2014 y 2016. Inicialmente, la organización enfrentó críticas por su lenta respuesta, especialmente en relación con la subestimación de la gravedad del brote y el retraso en la movilización de recursos internacionales. Esta respuesta tardía contribuyó a la rápida propagación del virus, empeorando la crisis humanitaria y de salud pública en los países más afectados, como Sierra Leona, Liberia y Guinea.

Sin embargo, tras esta fase inicial de críticas, la OMS asumió un papel de liderazgo en la coordinación de la respuesta global al brote de Ébola. La organización ha movilizado importantes recursos y trabajado estrechamente con gobiernos, ONG y otras organizaciones internacionales para implementar rigurosos protocolos de control de infecciones, mejorar la vigilancia epidemiológica y coordinar esfuerzos para contener el virus. Además, la OMS jugó un papel decisivo en la coordinación de la investigación y el desarrollo de tratamientos y vacunas contra el ébola, que luego ayudaron a contener el brote y prevenir futuras epidemias.

La experiencia con el brote de Ébola condujo a una serie de reformas dentro de la OMS diseñadas para mejorar su capacidad de responder a emergencias sanitarias globales. Estas reformas incluyeron la creación del Programa de Emergencias Sanitarias de la OMS, cuyo objetivo es fortalecer la preparación y respuesta de la organización ante crisis de salud pública, garantizando una coordinación más rápida y eficaz en futuras emergencias.

Unión Europea (UE)

La respuesta regulatoria de la Unión Europea (UE) a la pandemia de COVID-19 se ha caracterizado por una serie de iniciativas destinadas a garantizar un enfoque coordinado y eficaz entre los

estados miembros, destacando la
importancia de la cooperación
supranacional en tiempos de crisis
global. Una de las principales medidas
adoptadas por la UE fue la creación del
mecanismo de compra conjunta, que
permitió a los estados miembros unir
fuerzas para negociar y comprar vacunas
contra el COVID-19 en grandes
cantidades. Este mecanismo era
fundamental para garantizar un acceso
equitativo a las vacunas en toda la
Unión, evitando disparidades entre los
países más ricos y aquellos con menor
capacidad de negociación o recursos
financieros limitados.

El mecanismo de compra conjunta resultó
crucial para garantizar que todos los
Estados miembros tuvieran acceso
simultáneo a las vacunas aprobadas,
contribuyendo a una respuesta más
armonizada y eficaz al brote de
COVID-19. Al centralizar las
negociaciones y las compras, la UE pudo
asegurar precios más competitivos y
condiciones de entrega más favorables,
además de distribuir las vacunas de
manera equitativa, según la población y
las necesidades específicas de cada
país.

Otro aspecto central de la respuesta
regulatoria de la UE fue el

fortalecimiento del papel de la Agencia Europea de Medicamentos (EMA). La EMA desempeñó un papel vital en la evaluación rápida y rigurosa de las vacunas y terapias de emergencia contra la COVID-19, garantizando que estos productos fueran seguros, eficaces y de alta calidad antes de ponerse a disposición del público. La agencia adoptó procedimientos acelerados, como revisiones continuas y autorizaciones de uso de emergencia, para responder a la urgencia de la crisis, permitiendo que vacunas innovadoras, como las desarrolladas por Pfizer-BioNTech y Moderna, sean aprobadas y distribuidas en un tiempo récord.

Además, la EMA coordinó los esfuerzos de farmacovigilancia para controlar la seguridad y eficacia de las vacunas después de su introducción en el mercado, garantizando que cualquier efecto adverso se identificara y abordara rápidamente. Este seguimiento continuo fue crucial para mantener la confianza del público en las vacunas y la respuesta de la UE a la pandemia.

La respuesta coordinada de la UE a la COVID-19 no solo ha reforzado la importancia de la cooperación supranacional en las crisis sanitarias, sino que también ha puesto de relieve la capacidad de la Unión Europea para actuar con rapidez y eficacia en un contexto de emergencia. La pandemia ha demostrado que desafíos globales como el coronavirus no respetan fronteras nacionales y que las soluciones conjuntas y coordinadas son esenciales para proteger la salud pública y garantizar una recuperación equitativa y sostenible.

Además del mecanismo de adquisición conjunta y el papel de la EMA, la UE también ha promovido la cooperación en otras áreas críticas, como el desarrollo de certificaciones sanitarias digitales, conocidas como Certificados COVID Digitales de la UE, que han facilitado la movilidad segura entre los estados miembros y ayudó a reabrir las economías de manera coordinada. Estas iniciativas subrayaron el compromiso de la UE de garantizar una respuesta colectiva y de apoyo a la pandemia, buscando proteger tanto la salud de sus ciudadanos como la integridad del mercado interior.

ciervo

En los Estados Unidos, la respuesta regulatoria a las emergencias de salud pública implica la coordinación de múltiples agencias federales, cada una de las cuales desempeña un papel crucial en la protección de la salud pública y la implementación de medidas de respuesta rápida. Entre estas agencias, los Centros para el Control y la Prevención de Enfermedades (CDC) y la Administración de Alimentos y Medicamentos (FDA) son fundamentales para formular y ejecutar políticas de salud durante las crisis. La pandemia de COVID-19 fue un claro ejemplo de cómo estas instituciones, junto con otras entidades gubernamentales, pueden aprovechar poderes legales y regulatorios para abordar una emergencia de salud pública a escala nacional.

Durante la pandemia, una de las herramientas más poderosas utilizadas por el gobierno de Estados Unidos fue la Ley de Producción de Defensa (DPA). Esta ley, promulgada originalmente durante la Guerra de Corea, otorga al presidente la autoridad para dirigir la producción industrial para satisfacer las necesidades de seguridad nacional. En el contexto de la COVID-19, se invocó a la DPA para acelerar la producción y distribución de equipos médicos esenciales, como ventiladores, mascarillas, guantes y otros equipos de protección personal (EPP), que a principios de la década de 1960 sufrían

una escasez crítica. pandemia. Al
aprovechar esta ley, el gobierno pudo
ordenar a las industrias privadas que
redirigiran sus recursos a la
fabricación de productos necesarios
para combatir la pandemia, garantizando
que los trabajadores de la salud y los
pacientes tuvieran acceso a suministros
vitales.

La Administración de Alimentos y
Medicamentos (FDA) jugó un papel
central en la respuesta regulatoria a
la pandemia, especialmente mediante la
emisión de Autorizaciones de Uso de
Emergencia (EE.UU.). Estas
autorizaciones permitieron poner a
disposición del público vacunas,
tratamientos y diagnósticos para
COVID-19 rápidamente, antes de
completar los tradicionales procesos de
aprobación, que son más largos. La
primera de estas autorizaciones
destacadas fue para la vacuna
Pfizer-BioNTech, que recibió EUA en
diciembre de 2020, seguida de otras
vacunas y tratamientos. La decisión de
emitir EUA se basó en datos
preliminares sólidos que indicaban que
los beneficios de estos productos
superaban los riesgos en un contexto de
emergencia. La FDA también aseguró que
estas decisiones estuvieran acompañadas
de un seguimiento continuo para evaluar

la seguridad y eficacia de las vacunas y los tratamientos a medida que se dispusiera de más datos.

Los Centros para el Control y la Prevención de Enfermedades (CDC) han desempeñado un papel decisivo a la hora de orientar y coordinar las respuestas de salud pública a nivel federal, estatal y local. Los CDC han emitido directrices críticas sobre distanciamiento social, uso de mascarillas, prácticas de higiene y, posteriormente, campañas de vacunación. Estas directrices se basaron en análisis científicos y datos epidemiológicos recopilados durante la pandemia. Los CDC también desempeñaron un papel central en la coordinación de los esfuerzos de rastreo de contactos y la promoción de estrategias de mitigación para contener la propagación del virus.

Además de estas medidas, el gobierno de los Estados Unidos también creó e implementó paquetes de ayuda económica, como la Ley CARES (Ley de Ayuda, Alivio y Seguridad Económica por Coronavirus), que brindó apoyo financiero directo a personas, empresas y sistemas de salud afectados por la pandemia. . Esta legislación mostró cómo la respuesta regulatoria a una crisis de salud pública también puede incluir componentes económicos y sociales para mitigar los efectos secundarios de la crisis en la sociedad en general.

Otras organizaciones internacionales

Además de la Organización Mundial de la Salud (OMS), otras organizaciones internacionales, como el Comité Internacional de la Cruz Roja (CICR) y el Programa de las Naciones Unidas para el Desarrollo (PNUD), desempeñan papeles clave en situaciones de emergencia, aportando apoyo humanitario y asistencia técnica. que son cruciales para salvar vidas y restaurar la funcionalidad de los sistemas de salud afectados.

El Comité Internacional de la Cruz Roja (CICR) es conocido por su trabajo en zonas de conflicto y emergencias humanitarias complejas. El CICR brinda asistencia médica, apoyo psicosocial y promueve el respeto del derecho internacional humanitario, garantizando que las poblaciones afectadas por conflictos y desastres naturales reciban atención adecuada. En situaciones de emergencia, el CICR suele ser uno de los primeros en responder y brinda atención médica de emergencia, agua potable, alimentos y refugio a las poblaciones desplazadas. Además, la organización trabaja para garantizar el acceso seguro a la atención médica en áreas de conflicto, donde los sistemas de salud locales pueden verse gravemente comprometidos.

El Programa de las Naciones Unidas para el Desarrollo (PNUD) desempeña un papel igualmente vital, especialmente cuando se trata de reconstruir y fortalecer los sistemas de salud después de una crisis. Si bien el CICR se centra en respuestas inmediatas, el PNUD participa más en la fase de recuperación a más largo plazo, ayudando a restablecer la infraestructura de salud, brindando capacitación a profesionales de la salud e implementando programas que promuevan la resiliencia y la sostenibilidad de los servicios de salud. El PNUD también colabora con los gobiernos para formular políticas y estrategias que apuntan a reconstruir los sistemas de salud de una manera más sólida e inclusiva, asegurando que estén mejor preparados para enfrentar crisis futuras.

La cooperación entre estas organizaciones y los gobiernos nacionales es esencial para garantizar una respuesta eficaz y coordinada en situaciones de emergencia. Esta cooperación permite que los esfuerzos de respuesta se integren ampliamente, aprovechando la experiencia y los recursos de cada entidad involucrada. El CICR, por ejemplo, suele colaborar con las autoridades locales para garantizar que se respeten los principios del derecho internacional humanitario, mientras que el PNUD trabaja con los gobiernos para alinear los esfuerzos de reconstrucción con las prioridades nacionales de desarrollo.

Esta asociación no sólo facilita una respuesta más rápida y eficaz, sino que también promueve el desarrollo de capacidades locales, asegurando que los países afectados puedan eventualmente recuperar el liderazgo en sus propias respuestas y reconstrucción. La estrecha colaboración entre estas organizaciones y los gobiernos nacionales también es fundamental para garantizar que la asistencia proporcionada sea culturalmente apropiada y respete las necesidades y preferencias de las comunidades afectadas.

Lecciones y recomendaciones

Las respuestas legales a las emergencias de salud pública brindan lecciones valiosas que pueden ayudar a mejorar la preparación y la respuesta ante crisis futuras.

Importancia de la preparación

La preparación es un componente crucial de una respuesta eficaz a las emergencias de salud pública. Las lecciones aprendidas de crisis anteriores, como pandemias, brotes de enfermedades infecciosas y desastres naturales, demuestran que los países con planes de contingencia bien diseñados y sistemas de salud sólidos están mucho mejor equipados para enfrentar emergencias y mitigar sus impactos. La preparación para emergencias no sólo permite una respuesta más rápida y coordinada, sino que también reduce el número de víctimas, minimiza el impacto social y económico y acelera la recuperación poscrisis.

Invertir en preparación es una recomendación ampliamente respaldada por expertos en salud pública y organizaciones internacionales. Una de las medidas esenciales es la creación de reservas estratégicas de suministros médicos, como medicamentos, vacunas, equipos de protección personal (EPP) y dispositivos médicos esenciales, como ventiladores. Estas reservas garantizan que, en caso de una emergencia, los recursos necesarios estén disponibles rápidamente, evitando escasez crítica que podría comprometer los esfuerzos de respuesta. La pandemia de COVID-19 ha puesto de relieve la importancia de estas reservas, y muchos países enfrentaron importantes dificultades debido a la falta de EPP y otros suministros médicos en las primeras etapas de la crisis.

Además, es esencial capacitar a los profesionales de la salud para responder a las emergencias. Profesionales capacitados son capaces de responder de manera eficiente y segura durante las crisis, aplicando protocolos adecuados para el tratamiento de pacientes, control de infecciones e implementación de medidas de salud pública. Esto incluye la realización de ejercicios de simulación y capacitación periódica para mantener las habilidades y los conocimientos actualizados, así como garantizar que los profesionales de la salud estén familiarizados con las últimas directrices y mejores prácticas para afrontar emergencias.

Otro aspecto esencial de la preparación es mantener sistemas eficaces de vigilancia epidemiológica. Estos sistemas son la primera línea en la detección temprana de brotes y el seguimiento continuo de las amenazas a la salud pública. Los sistemas de vigilancia sólidos permiten a los países identificar rápidamente nuevos patógenos o el resurgimiento de enfermedades conocidas, lo que facilita una respuesta rápida e informada. La recopilación y el análisis de datos en tiempo real, combinados con la capacidad de comunicar esta información a las autoridades pertinentes, son componentes críticos de un sistema de vigilancia eficaz. Estos sistemas también deben integrarse en redes de vigilancia regionales y globales para compartir información y coordinar respuestas de manera oportuna.

La preparación también implica el desarrollo de planes de contingencia integrales, que describen acciones específicas que se deben tomar en diferentes tipos de emergencias de salud pública. Estos planes deben basarse en evaluaciones de riesgos y deben revisarse y actualizarse periódicamente para reflejar las nuevas amenazas y las lecciones aprendidas de crisis anteriores. La inclusión de protocolos claros para la movilización de recursos, la comunicación pública y

la colaboración entre diferentes
niveles de gobierno y sectores de la
sociedad es vital para garantizar una
respuesta coordinada y eficaz.

Flexibilidad Jurídica

Las emergencias de salud pública a
menudo requieren respuestas legales que
sean rápidas y flexibles, dada la
naturaleza impredecible y dinámica de
estas crisis. Durante situaciones como
pandemias, brotes de enfermedades
infecciosas o desastres naturales, las
condiciones pueden cambiar rápidamente
y las autoridades deben poder adaptar
sus estrategias y acciones con la misma
agilidad. Para que esto sea posible,
las leyes y regulaciones deben
diseñarse para permitir la flexibilidad
necesaria para responder a nueva
información, avances científicos y
circunstancias cambiantes sobre el
terreno.

Esta flexibilidad legal puede incluir
la capacidad de emitir decretos de
emergencia, adaptar regulaciones
sanitarias, redirigir recursos o
implementar nuevas medidas de salud
pública, como cuarentenas o
restricciones de viaje, de manera
rápida y eficiente. Durante la pandemia
de COVID-19, por ejemplo, muchos

gobiernos adoptaron medidas
excepcionales en un corto espacio de
tiempo, como imponer confinamientos y
exigir el uso de mascarillas, ajustando
estas políticas a medida que el virus
evolucionaba y se disponía de más
datos. La capacidad de responder
rápidamente a estos cambios fue crucial
para mitigar la propagación del virus y
proteger la salud pública.

Sin embargo, la flexibilidad en las
respuestas legales debe equilibrarse
cuidadosamente con mecanismos sólidos
de supervisión y rendición de cuentas.
La rápida adopción de medidas de
emergencia, sin la debida supervisión,
puede conducir a abusos de poder,
violaciones de derechos humanos y la
aplicación de políticas que no están
basadas en evidencia científica sólida.
Por lo tanto, es esencial que cualquier
flexibilidad legal vaya acompañada de
salvaguardias que garanticen la
transparencia, la rendición de cuentas
y el respeto de los derechos
fundamentales.

Los mecanismos de supervisión, como la
revisión judicial, la supervisión
parlamentaria y la supervisión por
órganos independientes, desempeñan un
papel vital en este equilibrio. Estos
mecanismos garantizan que las medidas

adoptadas por las autoridades durante una emergencia sean legales, proporcionadas y justificadas. La revisión judicial, por ejemplo, permite que las decisiones gubernamentales sean impugnadas y evaluadas por los tribunales, garantizando que los derechos de los ciudadanos estén protegidos y que las medidas de emergencia no excedan los límites de la ley.

Además, la transparencia en la toma de decisiones es esencial para mantener la confianza pública y garantizar la legitimidad de las acciones gubernamentales. Esto incluye la comunicación clara y oportuna de las razones detrás de las medidas tomadas, así como la difusión de los datos y la evidencia que respaldan esas decisiones. La participación pública, cuando sea posible, también puede ser un componente importante, permitiendo que las comunidades afectadas tengan voz en el proceso y aumentando la aceptación y eficacia de las medidas de salud pública.

La rendición de cuentas durante las emergencias de salud pública también implica la necesidad de evaluaciones continuas de las medidas implementadas. Esto incluye revisar periódicamente las políticas para garantizar que sigan siendo apropiadas y efectivas a medida que evoluciona la situación, y que se eliminen o ajusten cuando ya no sean necesarias. Estas revisiones deben realizarse de manera transparente e inclusiva, con la participación de expertos en salud, representantes de la sociedad civil y otras partes interesadas.

Cooperación Internacional

La cooperación internacional desempeña un papel crucial en la respuesta a crisis de salud pública que trascienden las fronteras nacionales. La pandemia de COVID-19 ha puesto de relieve dramáticamente la interconexión global y la urgente necesidad de fortalecer los mecanismos de cooperación global para abordar los desafíos de salud que afectan a todas las naciones. El Reglamento Sanitario Internacional (RSI), adoptado por la Organización Mundial de la Salud (OMS), es uno de los principales instrumentos legales diseñados para coordinar la respuesta global a las emergencias de salud pública. El RSI establece un marco para detectar, informar y responder a eventos de salud pública que pueden traspasar las fronteras nacionales, lo que requiere que los países miembros compartan información y cooperen para prevenir la propagación de enfermedades.

La pandemia de COVID-19 ha puesto de manifiesto tanto la importancia como las limitaciones del RSI, destacando la necesidad de fortalecer éste y otros mecanismos de cooperación internacional. A pesar de las disposiciones del RSI, la respuesta inicial a la pandemia estuvo marcada por retrasos en la comunicación y una falta de coordinación entre países, lo que permitió que el virus se propagara rápidamente por todo el mundo. Esta experiencia ha demostrado que para que el RSI sea verdaderamente eficaz, todos los países deben comprometerse a cumplir sus obligaciones de manera transparente y oportuna, compartiendo información crítica sobre los brotes de enfermedades y colaborando en medidas de contención y mitigación.

Además, la pandemia ha puesto de relieve las disparidades globales en el acceso a recursos esenciales como vacunas, tratamientos médicos y equipos de protección personal. Si bien algunos países desarrollados lograron conseguir grandes reservas de vacunas y medicamentos, muchos países en desarrollo enfrentaron serias dificultades para obtener los mismos recursos, lo que exacerbó las desigualdades en salud y prolongó la duración de la pandemia en muchas partes del mundo. Esto puso de relieve la necesidad de garantizar que la cooperación internacional no se limite al intercambio de información, sino que también incluya un compromiso genuino con la equidad en el acceso a los recursos sanitarios.

Organizaciones internacionales como la OMS, la Alianza Mundial para Vacunas e Inmunización (GAVI) y la Coalición para Innovaciones en Preparación para Epidemias (CEPI) han desempeñado papeles cruciales al tratar de facilitar el acceso equitativo a vacunas y tratamientos. La iniciativa COVAX, coliderada por estas organizaciones, fue creada con el objetivo de garantizar que todos los países, independientemente de su riqueza, tengan un acceso justo a las vacunas contra la COVID-19. Aunque COVAX ha enfrentado desafíos, incluidos problemas de financiamiento y dificultades logísticas, representó un paso importante hacia un enfoque más equitativo y coordinado para la distribución de vacunas durante una pandemia global.

Para mejorar la cooperación internacional en futuras crisis de salud pública, se recomienda que las organizaciones internacionales y los gobiernos nacionales fortalezcan los mecanismos de colaboración existentes y desarrollen nuevos marcos que faciliten una respuesta más rápida y eficaz. Esto incluye la creación de redes más sólidas para compartir información en tiempo real, el desarrollo conjunto de tecnologías sanitarias y la promoción de iniciativas de solidaridad global que garanticen que todos los países tengan acceso a los recursos que necesitan para proteger a sus poblaciones.

Además, es esencial que la cooperación internacional se base en los principios de transparencia, solidaridad y responsabilidad compartida. Los gobiernos y las organizaciones internacionales deben comprometerse a comunicar información de forma clara y abierta, y a trabajar juntos para superar los desafíos que puedan surgir durante una crisis de salud pública. La pandemia de COVID-19 ha demostrado que cuando los países y las organizaciones colaboran estrecha y transparentemente, la respuesta global puede ser más eficaz y equitativa, protegiendo vidas y minimizando el impacto de la crisis.

Transparencia y confianza pública

Sin duda, la confianza pública es un componente vital de cualquier respuesta eficaz a las emergencias de salud pública. Cuando la población confía en las autoridades sanitarias y en el gobierno, el cumplimiento de las medidas de control y prevención, como la vacunación, la cuarentena y el distanciamiento social, es significativamente mayor, lo que, a su vez, aumenta la efectividad de estas intervenciones. La confianza pública se construye y mantiene a través de una comunicación clara, transparente y consistente de las autoridades, la participación activa de las comunidades en el proceso de toma de decisiones y la garantía de que se respeten los derechos humanos durante la implementación de medidas de salud pública.

La comunicación clara y transparente es la piedra angular para establecer y mantener la confianza pública. Durante una crisis de salud pública, las autoridades deben proporcionar información precisa, actualizada y fácilmente comprensible sobre la naturaleza de la amenaza, las medidas que se están tomando y lo que se espera de la población. La comunicación eficaz también debe incluir explicaciones de las razones detrás de las decisiones tomadas, basadas en evidencia científica, para que el público comprenda la importancia de seguir las recomendaciones. Esto ayuda a combatir la desinformación y las teorías de conspiración, que pueden socavar la confianza y dar lugar a comportamientos que ponen en riesgo la salud pública.

La participación de la comunidad en la toma de decisiones es otro aspecto crucial para generar confianza. Cuando las personas sienten que tienen voz en las decisiones que afectan sus vidas y que sus preocupaciones se tienen en cuenta, es más probable que apoyen y cumplan las medidas de salud pública. La participación de la comunidad puede promoverse mediante consultas públicas, diálogos abiertos con líderes comunitarios y representantes locales, e incluyendo a diferentes grupos de la sociedad en el proceso de toma de decisiones. Esto no sólo aumenta la legitimidad de las medidas implementadas, sino que también ayuda a adaptar las intervenciones a las realidades y necesidades específicas de las diferentes comunidades, haciéndolas más efectivas.

Proteger los derechos humanos durante la implementación de medidas de salud pública es fundamental para mantener la confianza pública. Incluso en situaciones de emergencia, donde puede ser necesario imponer restricciones temporales a ciertos derechos para proteger la salud colectiva, estas medidas deben ser proporcionadas, justas y aplicadas de manera equitativa. Es esencial que las autoridades garanticen que dichas restricciones se basen en criterios claros y objetivos, y que las personas afectadas tengan acceso a mecanismos de recurso o compensación si es necesario. La percepción de que las medidas son justas y de que se respetan los derechos fundamentales es vital para evitar el resentimiento y la resistencia del público.

Además, la confianza pública se fortalece cuando se considera que las autoridades son competentes, responsables y receptivas. Esto incluye la capacidad de las autoridades para ajustar rápidamente las políticas en función de nuevas evidencias y circunstancias, demostrando flexibilidad y compromiso con el bienestar público. También implica rendición de cuentas, donde las autoridades reconocen errores o fallas y toman medidas para corregir el rumbo, en lugar de mantener políticas ineficaces por orgullo o miedo a perder credibilidad.

Innovación y Tecnología

Las respuestas a las emergencias de salud pública se pueden mejorar significativamente utilizando estratégicamente la innovación y la tecnología, que tienen el potencial de mejorar tanto la eficacia como la eficiencia de las intervenciones. La pandemia de COVID-19 ha demostrado cómo la rápida adopción de nuevas tecnologías puede transformar la forma en que se gestionan las crisis sanitarias, ofreciendo soluciones que van desde la prestación de atención remota hasta el rastreo de contactos en tiempo real.

La telemedicina, por ejemplo, surgió como una herramienta crucial durante la pandemia, que permitió a los pacientes recibir atención médica sin necesidad de visitas en persona, lo que fue especialmente importante durante los períodos de encierro y aislamiento social. Esta tecnología no solo ha ayudado a reducir la carga de hospitales y clínicas, sino que también ha ampliado el acceso a la atención médica para personas en áreas remotas o con movilidad limitada. La telemedicina puede servir como modelo para respuestas futuras a emergencias de salud pública, ofreciendo una forma eficiente y segura de brindar atención continua en situaciones de crisis.

Las aplicaciones de rastreo de contactos fueron otra innovación importante que saltó a la fama durante la pandemia de COVID-19. Estas aplicaciones han permitido la identificación rápida y precisa de personas que han estado en contacto cercano con personas infectadas, facilitando intervenciones de salud pública, como cuarentenas y pruebas específicas, para contener la propagación del virus. Al ofrecer una forma automatizada y escalable de rastrear la propagación de enfermedades, estas tecnologías han demostrado su valor para mejorar la eficacia de las respuestas a las emergencias sanitarias.

Sin embargo, si bien la innovación y la tecnología ofrecen muchas ventajas, también plantean cuestiones complejas que deben abordarse cuidadosamente para garantizar que sus beneficios se distribuyan de manera justa y que se respeten los derechos fundamentales. La privacidad es una preocupación central con respecto al uso de tecnologías digitales, especialmente en el contexto del rastreo de contactos. El uso de datos personales sensibles, como información de ubicación e historial médico, requiere medidas de seguridad estrictas para proteger la privacidad de las personas. Esto incluye implementar medidas de protección de datos, como anonimizar la información, limitar el acceso a los datos y garantizar que los datos recopilados se utilicen exclusivamente con fines de salud pública y durante un período de tiempo limitado.

Además de la privacidad, la equidad es otro aspecto crítico que debe considerarse al adoptar nuevas tecnologías en respuestas a emergencias de salud pública. Existe el riesgo de que las innovaciones tecnológicas exacerben las desigualdades existentes, especialmente en comunidades donde el acceso a Internet y a los dispositivos móviles es limitado. Para que estas tecnologías beneficien a todos, es necesario garantizar que todas las poblaciones, independientemente de su ubicación geográfica o nivel socioeconómico, tengan acceso equitativo a las herramientas tecnológicas. Esto puede requerir

inversiones en infraestructura digital,
programas de capacitación tecnológica y
políticas que promuevan la inclusión
digital.

Una regulación clara y justa de estas
tecnologías es esencial para abordar
las preocupaciones sobre privacidad y
equidad. Los gobiernos y las
autoridades reguladoras deben
establecer estándares que garanticen la
protección de los derechos individuales
y al mismo tiempo promuevan la
innovación y la eficiencia en las
respuestas de salud pública. Esto puede
incluir la creación de marcos
regulatorios específicos para las
tecnologías de salud digital que
definan los límites y responsabilidades
de todas las partes involucradas,
incluidos los desarrolladores de
tecnología, los proveedores de atención
médica y las autoridades de salud
pública.

Las lecciones aprendidas de emergencias
de salud pública pasadas pueden guiar
una formulación de políticas más
resiliente y eficaz en el futuro. La
preparación, la cooperación y la
innovación, combinadas con la
protección de los derechos humanos, son
los pilares de una respuesta eficaz a
las emergencias de salud pública.

CONCLUSIÓN

Resumen de puntos principales

A lo largo de este libro, se han explorado en profundidad aspectos críticos de la rendición de cuentas y la regulación en la práctica médica global, desde fundamentos teóricos hasta implicaciones prácticas y desafíos contemporáneos. Comenzamos con un análisis detallado de los conceptos de responsabilidad civil, penal y ética en la práctica médica, destacando la importancia de un marco legal sólido para garantizar la seguridad y la justicia en la atención sanitaria. Luego examinamos la aplicación de estos conceptos en diferentes jurisdicciones, destacando las variaciones y desafíos que surgen en diversos contextos culturales y legales.

La discusión pasó al análisis de la jurisprudencia internacional que ha dado forma a la práctica médica e influido en los cambios en la legislación sanitaria, proporcionando lecciones valiosas para la evolución continua de los estándares legales. También abordamos la prevención de litigios y la mitigación de riesgos, enfatizando el papel crucial del seguro de responsabilidad profesional y la educación continua para los profesionales de la salud.

En el contexto de las innovaciones tecnológicas, discutimos cómo la telemedicina y la inteligencia artificial están transformando la práctica médica, al mismo tiempo que introducen nuevos desafíos regulatorios que requieren una adaptación rápida y efectiva de la legislación existente. También exploramos el papel de las agencias reguladoras internacionales en la definición y aplicación de estándares globales de atención médica, ilustrando sus roles, desafíos y la influencia significativa que tienen en la seguridad del paciente en todo el mundo.

Se abordó el derecho sanitario y su aplicación internacional en términos de su importancia para la salud pública, especialmente en contextos variados y frente a crisis globales. Destacamos la importancia de las políticas de salud pública que equilibren los derechos individuales con las necesidades colectivas, ejemplificando cómo estas políticas pueden tener éxito, pero también los desafíos éticos y legales que pueden enfrentar.

Finalmente, discutimos las respuestas legales a las emergencias de salud pública, aprendiendo de las experiencias de pandemias y desastres naturales para desarrollar mejores estrategias regulatorias y de respuesta en el futuro.

Reflexiones sobre los desafíos futuros

El campo de la rendición de cuentas y la regulación en la práctica médica se enfrenta a desafíos emergentes que requieren una reflexión profunda y una preparación continua para garantizar que las prácticas de atención médica se mantengan al día con los rápidos cambios tecnológicos y sociales. Las innovaciones tecnológicas, como la expansión de la inteligencia artificial (IA) y el uso cada vez mayor de la telemedicina, están revolucionando el sector de la salud, pero también presentan nuevos problemas y complejidades regulatorias. Estas tecnologías, si bien ofrecen grandes promesas para mejorar el diagnóstico, el tratamiento y el acceso a la atención, también plantean preocupaciones sobre la seguridad, la ética y los derechos de los pacientes.

Garantizar que estas tecnologías se implementen de forma segura y ética es una tarea que requiere un enfoque regulatorio sólido y adaptable. En el caso de la inteligencia artificial, por ejemplo, la opacidad de los algoritmos ("caja negra") y la posible discriminación algorítmica son desafíos importantes. Los reguladores deben garantizar que las soluciones de IA sean transparentes, que sus decisiones puedan explicarse y que se prueben exhaustivamente para evitar sesgos que puedan perjudicar a ciertos grupos de pacientes. Además, se debe garantizar que el uso de estas tecnologías respete los derechos de privacidad y autonomía de los pacientes, protegiendo sus datos de salud y garantizando el consentimiento informado para el uso de tecnologías innovadoras.

La telemedicina, que ha sido ampliamente adoptada durante la pandemia de COVID-19, también presenta desafíos regulatorios. La expansión de este tipo de servicios ha generado interrogantes sobre la estandarización de la atención, la protección de datos sensibles y la garantía de que los servicios prestados de forma remota mantengan los mismos estándares de calidad y seguridad que los servicios presenciales. Los reguladores deben establecer directrices claras sobre cómo se deben integrar estas tecnologías en los sistemas de salud, garantizando que todos los pacientes, independientemente de su ubicación o recursos, tengan acceso a una atención de alta calidad.

Las desigualdades globales en salud son otro desafío apremiante. Si bien algunos países disfrutan de sistemas de salud sólidos, altamente regulados y tecnológicamente avanzados, muchos otros todavía luchan por implementar políticas básicas de salud pública. Estas disparidades se ven exacerbadas por la globalización y la movilidad internacional, que aumentan el riesgo de propagación de enfermedades y amplían las diferencias en el acceso a una atención sanitaria de calidad. Una cooperación internacional más fuerte es esencial para abordar estas desigualdades, al igual que un compromiso renovado con la equidad en salud. Esto implica no sólo esfuerzos para mejorar los sistemas de salud en los países de ingresos bajos y medianos, sino también garantizar que las políticas de salud globales sean inclusivas y accesibles para todos.

Otro desafío crítico es prepararse y responder a emergencias de salud pública, como las pandemias. La pandemia de COVID-19 ha demostrado que los sistemas de salud deben ser resilientes, capaces de adaptarse rápidamente a las crisis, y que las políticas de salud pública deben equilibrar la protección colectiva con el respeto de los derechos individuales. Prepararse para futuras emergencias requiere construir sistemas de salud flexibles que puedan ajustar rápidamente sus operaciones y responder a nuevas amenazas, manteniendo al mismo tiempo garantías de que se respetarán los derechos humanos. Esto incluye crear reservas estratégicas de suministros, desarrollar planes de contingencia efectivos y capacitar continuamente a los profesionales de la salud para abordar situaciones de crisis.

Estos desafíos emergentes resaltan la necesidad de un enfoque integrado y colaborativo para la rendición de cuentas y la regulación en la práctica médica. Los formuladores de políticas, los reguladores, los profesionales de la salud y la comunidad científica deben trabajar juntos para desarrollar soluciones que garanticen la seguridad, la equidad y la calidad de la atención, al mismo tiempo que se adaptan a las innovaciones tecnológicas y las

realidades globales cambiantes. Sólo a
través de un compromiso continuo con la
reflexión, la preparación y la
cooperación será posible abordar con
éxito los complejos desafíos que
configurarán el futuro de la salud
global.

Importancia de la adaptación continua

La adaptación continua de la
legislación y las prácticas
regulatorias es esencial para enfrentar
los desafíos presentes y futuros que
emergen en la práctica médica global. A
medida que la ciencia médica y las
tecnologías sanitarias avanzan
rápidamente, las regulaciones deben ser
dinámicas y ágiles, capaces de
responder eficazmente a las
innovaciones y nuevos riesgos que
surgen en el campo de la salud pública.
Esta adaptación no se limita a
actualizar las normas existentes;
también exige la creación de nuevos
marcos regulatorios que puedan abordar
cuestiones emergentes, como las
implicaciones éticas y de seguridad
asociadas con el uso de la inteligencia
artificial, la genética avanzada y la
telemedicina.

La actualización constante de las regulaciones es esencial para garantizar que las prácticas médicas sigan siendo seguras, efectivas y centradas en el paciente. Esto incluye la necesidad de un seguimiento continuo de las nuevas tecnologías y prácticas clínicas para que puedan integrarse de forma segura en los sistemas sanitarios. Además, las regulaciones deben poder anticipar y mitigar los riesgos potenciales antes de que se materialicen, promoviendo un enfoque proactivo para proteger la salud pública.

Además de la respuesta tecnológica, es necesaria una adaptación continua para garantizar que las políticas de salud pública sean justas y equitativas, asegurando que todos los segmentos de la población, independientemente de su ubicación geográfica, estatus socioeconómico o contexto cultural, tengan acceso a atención médica del más alto nivel. calidad. calidad. La implementación de políticas de salud equitativas requiere un compromiso global con la transparencia, la colaboración internacional y el respeto de los derechos humanos. Las regulaciones deben diseñarse con un enfoque inclusivo, garantizando que se atiendan las necesidades de las poblaciones más vulnerables y que las innovaciones en salud no amplíen las disparidades existentes, sino que contribuyan a su reducción.

La capacidad de adaptación también es crucial para la resiliencia de los sistemas de salud ante crisis inesperadas, como pandemias o desastres naturales. Las lecciones aprendidas de emergencias de salud pública anteriores deben incorporarse a la preparación para crisis futuras, garantizando que los sistemas de salud sean lo suficientemente flexibles para ajustar rápidamente sus estrategias y operaciones en respuesta a nuevas amenazas. La adaptación continua basada en evidencia es clave para garantizar que las respuestas de emergencia sean rápidas, efectivas y estén alineadas con las mejores prácticas internacionales.

En conclusión, la rendición de cuentas y la regulación en la práctica médica global no pueden verse como elementos estáticos; más bien, deben evolucionar continuamente para mantenerse al día con los cambios en el campo de la atención médica y proteger los derechos y el bienestar de todos los individuos. Este libro ha buscado proporcionar una base sólida para esta evolución,

ofreciendo ideas y recomendaciones que
pueden guiar los desarrollos futuros en
esta área vital. La capacidad de
adaptación, impulsada por un compromiso
con la transparencia, la equidad y la
colaboración, será esencial para
garantizar que los sistemas de salud de
todo el mundo estén preparados para
enfrentar los desafíos del futuro, sin
dejar de promover la salud y la
dignidad humana a escala global.

REFERENCIAS BIBLIOGRAFICAS

Introducción

- **Gostin, L. O. y Wiley, L. F.** (2016). Ley de Salud Pública: Poder, Deber, Contención. Prensa de la Universidad de California.
- **Rodwin, M.A.** (2011). Conflictos de intereses y el futuro de la medicina: Estados Unidos, Francia y Japón. Prensa de la Universidad de Oxford.
- **Organización Mundial de la Salud.** (2022). Ley de Salud Global. Publicaciones de la OMS.
- **Shaw, D. M. y Gross, ML.** (2020). Los desafíos éticos de las tecnologías médicas emergentes. Revista de Bioética.
- **McHale, J. V. y Tingle, J.** (2007). Cuestiones jurídicas en la atención sanitaria. Publicación Blackwell.
- **Agencia Europea de Medicamentos.** (2021). Ciencia regulatoria hasta 2025: reflexión estratégica. Informes de la EMA.
- **Friedman, L. M., Furberg, C. D. y DeMets, D. L.** (2010). Fundamentos de los ensayos clínicos. Saltador.

- **Veatch, R.M.** (2012). Paciente, cúrate a ti mismo: cómo la nueva medicina pone al paciente a cargo. Prensa de la Universidad de Oxford.

Capítulo 1

- **Mason, J.K. y Laurie, GT.** (2016). Derecho y Ética Médica. Prensa de la Universidad de Oxford.
- **McHale, J. V. y Tingle, J.** (2007). Cuestiones jurídicas en la atención sanitaria. Publicación Blackwell.
- **Dingwall, R. y McClelland, C.** (2003). Organización Social del Trabajo Médico. Editores de transacciones.
- **Gostin, L. O. y Wiley, L. F.** (2016). Ley de Salud Pública: Poder, Deber, Contención. Prensa de la Universidad de California.
- **Tribunal Europeo de Derechos Humanos.** (2019). Jurisprudencia y Responsabilidad en la Atención de la Salud. Informes del TEDH.
- **Asociación Médica Americana.** (2022). Directrices éticas en la práctica médica. Publicaciones AMA.
- **Rodwin, M.A.** (2011). Conflictos de intereses y el futuro de la

medicina: Estados Unidos, Francia y Japón. Prensa de la Universidad de Oxford.

Capítulo 2

- **Surco, B. R., Greaney, T. L., Johnson, S. H. y Schwartz, R. L.** (2013). Derecho de la Salud: Casos, Materiales y Problemas. Publicaciones académicas occidentales.
- **Mason, J.K. y Laurie, GT.** (2016). Derecho y Ética Médica. Prensa de la Universidad de Oxford.
- **Cook, T. M. y Gupta, K. J.** (2009). Negligencia clínica: una guía práctica. Prensa de la Universidad de Cambridge.
- **Beauchamp, T. L. y Childress, J. F.** (2013). Principios de ética biomédica. Prensa de la Universidad de Oxford.
- **Cassel, E.J.** (2011). La naturaleza del sufrimiento y los objetivos de la medicina. Prensa de la Universidad de Oxford.
- **Ginsburg, G. S. y Willard, H. F.** (2009). Medicina genómica y personalizada: fundamentos y aplicaciones. Prensa académica.
- **Tribunal Europeo de Derechos Humanos.** (2019). Jurisprudencia y

Responsabilidad en la Atención de
la Salud. Informes del TEDH.

Capítulo 3

- **Mason, J.K. y Laurie, GT.** (2016).
  Derecho y Ética Médica. Prensa de
  la Universidad de Oxford.
- **Dickens, B.M.** (2014).
  Responsabilidades legales y
  éticas en la atención de la
  salud. Publicación Blackwell.
- **Dingwall, R. y Fenn, P.** (1987).
  "¿Una profesión respetable?"
  Derecho, Medicina y Profesión
  Médica. Revisión sociológica.
- **Surco, B. R., Greaney, T. L.,
  Johnson, S. H. y Schwartz, R. L.**
  (2013). Derecho de la Salud:
  Casos, Materiales y Problemas.
  Publicaciones académicas
  occidentales.
- **Gallagher, T. H. y Levinson, W.**
  (2012). "Revelar errores médicos
  dañinos a los pacientes". Revista
  de Medicina de Nueva Inglaterra.
- **Organización Mundial de la Salud.**
  (2021). Cuestiones éticas y
  legales en seguridad del
  paciente. Publicaciones de la
  OMS.
- **Shaw, D. M. y Gross, ML.** (2020).
  Los desafíos éticos de las

tecnologías médicas emergentes.
Revista de Bioética.

Capítulo 4

- Montgomery contra la Junta de Salud de Lanarkshire [2015] UKSC 11.
- Bolam contra el Comité de Gestión del Hospital Friern [1957] 1 WLR 582.
- Roe contra el Ministro de Salud [1954] 2 QB 66.
- Jackson, E. (2016). Derecho médico: texto, casos y materiales. Prensa de la Universidad de Oxford.
- Mason, J.K. y Laurie, GT. (2016). Derecho y Ética Médica. Prensa de la Universidad de Oxford.
- Grubb, A., Laing, J. y McHale, JV. (2010). Principios del Derecho Médico. Prensa de la Universidad de Oxford.
- Gostin, L. O. y Wiley, L. F. (2016). Ley de Salud Pública: Poder, Deber, Contención. Prensa de la Universidad de California.
- Tingle, J. y Trigo, K. (2013). Seguridad del paciente, política y práctica jurídica. Rutledge.

Capítulo 5

- **Organización Mundial de la Salud (OMS).** (2009). "Lista de verificación de seguridad quirúrgica". Seguridad del paciente de la OMS.
- **Studdert, D. M., Mello, M. M. y Brennan, T. A.** (2004). "Negligencia médica". Revista de Medicina de Nueva Inglaterra.
- **Leape, L. L. y Berwick, D. M.** (2005). "Cinco años después de Err es humano: ¿Qué hemos aprendido?" JAMA.
- **Rodwin, M.A.** (2011). Conflictos de intereses y el futuro de la medicina: Estados Unidos, Francia y Japón. Prensa de la Universidad de Oxford.
- **Vicente, C.** (2010). Seguridad del Paciente. Wiley-Blackwell.
- **Asociación Médica Estadounidense (AMA).** (2021). "La importancia de la comunicación en la prevención de reclamaciones por negligencia". Revista de Ética de la AMA.
- **Smith, G. C. y Pell, J. P.** (2003). "Uso de paracaídas para prevenir la muerte y traumatismos graves relacionados con el desafío gravitacional: revisión sistemática de ensayos controlados aleatorios". BMJ.

Capítulo 6

- **Topol, E.** (2019). Medicina profunda: cómo la inteligencia artificial puede hacer que la atención médica vuelva a ser humana. Libros básicos.

- **Jiang, F., Jiang, Y., Zhi, H., et al.** (2017). "Inteligencia artificial en la atención sanitaria: pasado, presente y futuro". Ictus y Neurología Vascular.

- **Mesko, B.** (2017). La guía para el futuro de la medicina: tecnología y toque humano. Webicina Kft.

- **Organización Mundial de la Salud (OMS).** (2021). "Consideraciones éticas en el uso de la IA para la salud". Publicaciones de la OMS.

- **Administración de Alimentos y Medicamentos (FDA).** (2019). "Inteligencia artificial y aprendizaje automático en software como dispositivo médico". Informes de la FDA.

- **Comisión Europea.** (2021). "Dispositivos médicos: regulaciones de la UE". Publicaciones de la UE.

- **ANMP China.** (2020). "Lineamientos para el Registro y Revisión de Dispositivos Médicos de

Inteligencia Artificial".
Informes NMPA.

- **Goodman, K.W.** (2020). Ética,
  medicina y tecnología de la
  información: máquinas
  inteligentes y la transformación
  de la atención médica. Prensa de
  la Universidad de Cambridge.

Capítulo 7

- **Organización Mundial de la Salud
  (OMS).** (2005). "Reglamento
  Sanitario Internacional (RSI)".
  Publicaciones de la OMS.
- **Organización Mundial de la Salud
  (OMS).** (2003). "Convenio Marco
  para el Control del Tabaco
  (CMCT)". Publicaciones de la OMS.
- **Naciones Unidas (ONU).** (1966).
  "Pacto Internacional de Derechos
  Económicos, Sociales y
  Culturales". Oficina de Derechos
  Humanos de la ONU.
- **Administración de Alimentos y
  Medicamentos (FDA).** (2020).
  "Políticas Regulatorias para
  Dispositivos Médicos y
  Medicamentos". Informes de la
  FDA.
- **Comisión Europea.** (2021).
  "Dispositivos médicos:
  regulaciones de la UE".
  Publicaciones de la UE.

- **Gostin, L. O. y Wiley, L. F.** (2016). Ley de Salud Pública: Poder, Deber, Contención. Prensa de la Universidad de California.
- **Rodwin, M.A.** (2011). Conflictos de intereses y el futuro de la medicina: Estados Unidos, Francia y Japón. Prensa de la Universidad de Oxford.
- **Fondo Monetario Internacional (FMI).** (2019). "Índice de Calidad y Acceso a la Atención Médica". Informes del FMI.

Capítulo 8

- **Administración de Alimentos y Medicamentos (FDA).** (2021). "El papel de la FDA en la salud pública". Informes de la FDA.
- **Agencia Europea de Medicamentos (EMA).** (2020). "Misión y visión de EMA". Publicaciones de la EMA.
- **Agencia Nacional de Vigilancia Sanitaria (ANVISA).** (2020). "Acerca de ANVISA." Publicaciones ANVISA.
- **Organización Mundial de la Salud (OMS).** (2021). "Vigilancia, Monitoreo y Control Global del COVID-19". Informes de la OMS.
- **Coalición Internacional de Autoridades Reguladoras de**

Medicamentos **(ICMRA)**. (2021).
"Misión y objetivos globales de
ICMRA". Informes ICMRA.

- **Gostin, L. O. y Wiley, L. F.**
  (2016). Ley de Salud Pública:
  Poder, Deber, Contención. Prensa
  de la Universidad de California.
- **Rodwin, M.A.** (2011). Conflictos
  de intereses y el futuro de la
  medicina: Estados Unidos, Francia
  y Japón. Prensa de la Universidad
  de Oxford.
- **Departamento de Salud y Servicios
  Humanos de EE. UU..** (2021). "La
  respuesta de la FDA a la pandemia
  de COVID-19". Publicaciones del
  HHS.

Capítulo 9

- **Organización Mundial de la Salud
  (OMS)**. (2016). "Salud en 2015: de
  los ODM a los ODS". Publicaciones
  de la OMS.
- **Naciones Unidas (ONU)**. (2015).
  "Objetivos de Desarrollo
  Sostenible (ODS)". Publicaciones
  de la ONU.
- **Farmer, P., Kleinman, A., Kim, J.
  Y. y Basilico, M.** (2013).
  Reimaginar la salud global: una
  introducción. Prensa de la
  Universidad de California.

- Jamison, D. T., Gelband, H., Horton, S. y col. (2017). Prioridades del control de enfermedades: mejorar la salud y reducir la pobreza. 3ra edición. El Banco Mundial.

- **Organización Mundial de la Salud (OMS).** (2021). "Estrategia global de recursos humanos para la salud: Fuerza laboral 2030". Informes de la OMS.

- **Instituto de Medicina (IOM).** (2013). "Marco de riesgos para la salud global: gobernanza para la salud global". Prensa de Academias Nacionales.

- **la lanceta.** (2017). "Métricas de salud global: un análisis sistemático". La lanceta.

- **Kruk, M. E., Gage, A. D., Joseph, N. T., Danaei, G., García-Saisó, S. y Salomon, J. A.** (2018). "Mortalidad debida a sistemas de salud de baja calidad en la era de la cobertura sanitaria universal: un análisis sistemático de muertes susceptibles de tratamiento en 137 países". La lanceta.

Capítulo 10

- **Organización Mundial de la Salud (OMS).** (2005). "Reglamento

Sanitario Internacional (RSI)".
Publicaciones de la OMS.

- **Gostin, L. O. y Wiley, L. F.**
(2016). Ley de Salud Pública:
Poder, Deber, Contención. Prensa
de la Universidad de California.
- **Naciones Unidas (ONU).** (2015).
"Objetivos de Desarrollo
Sostenible (ODS)". Publicaciones
de la ONU.
- **Comité Internacional de la Cruz
Roja (CICR).** (2019). "Atención
médica en peligro: las
responsabilidades de los estados
y los actores no estatales".
Informes del CICR.
- **Cullet, P.** (2019). Ley de aguas,
pobreza y desarrollo: reformas
del sector del agua en la India.
Prensa de la Universidad de
Oxford.
- **Fidler, D.P.** (2017). "Gobernanza
sanitaria mundial". En Manual de
derechos sanitarios globales de
Routledge. Rutledge.
- **Fondo de las Naciones Unidas para
la Infancia (UNICEF).** (2021).
"Programas de Inmunización y
Seguridad Sanitaria Global".
Informes de UNICEF.
- **Organización Mundial de la Salud
(OMS).** (2021). "Ley y política

sanitaria mundial". Informes de
la OMS.

Capítulo 11

- **Gostin, L. O. y Wiley, L. F.**
  (2016). Ley de Salud Pública:
  Poder, Deber, Contención. Prensa
  de la Universidad de California.
- **Bayer, R. y Fairchild, A. L.**
  (2004). "La Génesis de la Ética
  de la Salud Pública". Bioética.
- **Faden, R. R. y Beauchamp, T. L.**
  (1986). Una historia y teoría del
  consentimiento informado. Prensa
  de la Universidad de Oxford.
- **Organización Mundial de la Salud
  (OMS).** (2020). "Vigilancia,
  Monitoreo y Control Global del
  COVID-19". Informes de la OMS.
- **Dawson, A.** (2011). Ética de la
  salud pública: conceptos y
  cuestiones clave en las políticas
  y la práctica. Prensa de la
  Universidad de Cambridge.
- **Jacobson contra Massachusetts,** 197
  Estados Unidos 11 (1905).
- **Graham, H.** (2012). "Tabaquismo,
  estigma y clase social". Revista
  de Política Social.
- **Tribunal Europeo de Derechos
  Humanos (TEDH).** (2020). "Los

derechos humanos y la pandemia de COVID-19". Informes del TEDH.

Capítulo 12

- **Organización Mundial de la Salud (OMS).** (2020). "Respondiendo a COVID-19: aprendizaje y adaptación en tiempo real". Informes de la OMS.
- **Gostin, L. O. y Wiley, L. F.** (2016). Ley de Salud Pública: Poder, Deber, Contención. Prensa de la Universidad de California.
- **Centros para el Control y la Prevención de Enfermedades (CDC).** (2021). "La respuesta de los CDC al brote de ébola". Informes de los CDC.
- **Agencia Europea de Medicamentos (EMA).** (2020). "Estrategia científica regulatoria hasta 2025". Publicaciones de la EMA.
- **Naciones Unidas (ONU).** (2020). "Plan Global de Respuesta Humanitaria al COVID-19". Publicaciones de la ONU.
- **Federación Internacional de Sociedades de la Cruz Roja y de la Media Luna Roja (FICR).** (2019). "Informe Mundial sobre Desastres 2019". Informes de la Federación Internacional.

- **Departamento de Salud y Servicios Humanos (HHS), EE. UU..** (2021). "Preparación y respuesta a emergencias de salud pública". Informes del HHS.
- **Fidler, D.P.** (2017). "Gobernanza sanitaria mundial". En Manual de derechos sanitarios globales de Routledge. Rutledge.

Made in the USA
Columbia, SC
06 October 2024

6b8f3574-2a14-4eae-a623-7344fd847caaR01